이영균의 제9시집

파란 우체통

도서출판 오늘

시인의 말

살고 나니 그립더군요.
그래서 돌아봤지요.

옛날에 꿈을 구름에서 내려다 꿀 때부터
파란의 세상을 살면서
알아가고 알아내고 이룩하고
허물어지고 깨지고
다시 일어서고 그러면서
일흔의 나이가 되기까지요.

모두 아쉽고 안쓰럽고 되뇌고 싶은
그리움으로 만산이더군요.
그래서 함께 돌아가 보자고
아홉 번째 시집을 엮었습니다.
읽어보시고 좋은 생각이 있으시면
제게도 일러 주십시오.
감사합니다.

2025년 성하의 계절

학운리 서재에서 이영균 올림

목 차

1부-이름의 메아리

이름의 메아리·····················13
말에도 빛깔이 있다··············14
아프지 마라 아가야··············16
언어의 달인·····················17
생각 사로·······················18
돌밭에 버려진 뿌리일망정······19
소쿠리의 무게···················20
죽어야 사나니···················21
옹알이···························22
군자의 길·······················24
상념 숱한 날····················26
아름다운 관계···················27
사라진 당산나무 언덕···········28
사느라 그랬으리.················30
추파인가? 사랑인가?············32
몸이 옷을 거부할 때············33
몽골인들의 환생·················34
사색 우체통·····················36
유기견의 꿈·····················37
삼월, 아쉬워 헐떡이다··········38
그는 나를 친구라 했네··········40

2부-오월의 눈사람

엄마는 위대합니다……………………43
아내의 빈자리……………………44
사막의 무덤……………………46
가슴에서 용이 죽던날……………………48
야옹이네 집 방문하기……………………50
여행 매뉴얼……………………52
어떤 노을에 물들 무렵……………………54
이름의 차이……………………56
때론 끈기가 행운을 낳는다 ……………………58
목련은 북향으로 피었는데 ……………………60
아기가 더 곱지……………………61
오월은 팔랑개비……………………62
오월의 눈사람……………………64
어버이는……………………66
사육신의 오늘……………………68
신의 의중을 읽다 ……………………70
원망초, 망초……………………71
영원한 청년 심훈……………………72
단추……………………73
발자국의 깊이……………………74
잦은 시도만이 내면을 연다 ……………………76

3부-시시비비의 교차

감명은 곳곳에 있지……………………79
그대는 꽃이리다……………………80
초년 쾌속의 기억……………………82
시시비비의 교차……………………84
고리 자칫 족쇄……………………86
빗소리 깊고 깊은 밤……………………87
마음의 거울……………………88
그 골목에 노을이 내리면 ……………………89
과일을 깎은 무딘 칼……………………90
입추……………………92
빈 손의 의미……………………94
국수를 먹다……………………95
빗소리에 살아오는 그리움 ……………………96
더 많이 사랑해야지……………………97
위대한 약속……………………98
버려진 의자……………………99
나이가 나를 밀어낼 때……………………100
깊은 밤, 가을밤에……………………101
세상의 모든 탈피……………………102
바람의 정체……………………104
채송화 꽃씨만 할지라도 ……………………106

4부 - 다정한 그대에게

시월은 시리다 …………………………… 109
새들의 산실 ……………………………… 110
그 애는 세 살이에요 …………………… 112
생존에 대한 단상 ………………………… 114
사람은 누구나 회항하지 ………………… 116
그대, 시골 정미소만 같기를 …………… 118
산국 널 다시 보면 ……………………… 120
꽃단풍을 꿈꾸며 ………………………… 122
연휴 전날 새벽 출근길 ………………… 124
무엇으로 당신을 채울 건가요? ………… 126
가을비 참 깊습니다 …………………… 128
돌탑 ……………………………………… 130
사람이 있습니다 ………………………… 132
소름 ……………………………………… 133
다정한 그대에게 ………………………… 134
한글 ……………………………………… 135
엉겅퀴 김 사장 ………………………… 136
서재의 시집들 …………………………… 138
시간은 고무줄이다 ……………………… 140
맥문동(麥門冬) ………………………… 141
시월이 난 자리 ………………………… 142

5부-아름다운 기억

아이에게 어른들은 언제나 ················ 145
가을이 깊어지는 소리················ 146
단풍잎의 기억················ 148
한계령에 수혈을················ 150
왜냐는 물음에 나는················ 151
이태원 참사(추모 시)················ 152
낙엽················ 154
단풍잎을 보면서················ 156
미련이 남는 날················ 158
문을 부수다················ 160
잘 가라 시월················ 162
망초도 들국화라니················ 163
나를 이끄는 별 하나················ 164
아름다운 기억················ 166
나무의 분가················ 168
겨울 나목················ 169
생로병사(生老病死)················ 170
프란시스코를 엿보다················ 171
나탈리 망세의 알몸 첼로 연주················ 172
짧은 신병의 기억················ 174
폭설················ 176

6부 - 반짝이는 별들

폭설에 오래 파묻히고 싶다 ···················· 179
와수리 식당 ······························· 180
살아온 아들과 엄마 ························· 182
송도 앞 바다 ····························· 184
여수 자산 공원 ···························· 185
누구나 혼자인듯 혼자인 사람은 없다 ············ 186
반짝이는 별들 ····························· 188
쓸모없는 꽃은 없다 ························· 189
공생을 위하여 ····························· 190
문장들의 협연 ····························· 192
동짓날 피운 설화 ·························· 193
강 ······································ 194
한해 또 악다구니 ·························· 196
2024년 12월 29일의 비극 ···················· 198
70대 강골들의 정류장 ······················ 200
잘 해봐야 본전 ···························· 202
해설(동화작가 이정애) ······················ 203

1부

이름의 메아리

이름의 메아리

살아서는 그림자 남기려 무던히 애쓰지만
그 발자취의 진가 알 수 없어
기라성 같다가도 일순간 허무하게
모래성이 되고 마네

죽어서도 지치지 않고 끈질기게 퍼져나가
무엇에든 색채도 형체도 무게도 없는 울림은
영혼의 여운으로 오래 살아남아
모두의 지침이 되네

빛깔도 소리도 냄새도 없지만
이름이란, 사상과 집념과 진리로
맛보고 느낄 수 있는 진정한
우리의 길라잡이네

살았을 때 얻는 부와 권세 아무리 옹골차도
죽어 길이 남을 무형의 명성만 할까
이름의 그림자는 사라져도
메아리는 울림이 점점 커지는 법

살아생전 업적 없이 빛 못 봐도
죽어서라도 심금 울리는 메아리 되게 살자

말에도 빛깔이 있다

아가의 천진난만한 말소리는
가슴에서 아장아장 노랗게 읽힌다
하지만 엄마는 얼른, 걸어 다니는 세살
성큼성큼 초록이길 원한다
그래서 아기는 엄마의 무지개를
기어오르며 곱다랗게 성장한다

일찍이 아리스토텔레스는 수사학에서
말소리가 신뢰와 호감이 가도록 에토스 해야 하고
공감과 감성을 일으키도록 파토스 해야 하며
논리적이고 이성적으로 로고스 해야 한다고 했다
아리스토텔레스는 상대를 설득하려면
그 세 가지의 빛깔 정도를
에토스 60%, 파토스 30%, 로고스 10%로
하는 것이 효과적이라고 했다.

하지만 그것들은 공식에 지나지 않을 뿐
감성과 상황에 따라 농도를 달리하며
때로는 복합적으로 발생하게 되어
너무 화려하거나 너무 추하게도 반응한다
동일한 조건에서도 말의 강약이나 어감에 따라
다정할 수도, 엄숙할 수도, 위협적일 수도,
아니면 실없는 농담으로 와 다를 수도 있다

아무튼 말의 진의는 복잡 미묘하여
진실하지 않으면 그 빛깔을 종잡을 수 없다
어떻게 완성되느냐는 듣는 이의
해독 여하에 따르겠지만
빛깔은 분명히 있다

아프지 마라 아가야

딸네 식구들이 내려오는 날은
집안이 온통 북새통에
현관 밖까지 택배로 분주합니다
조금만 더 가다가는
밖이고 안이고 아이 때문에
생기로 곧 봄이 될 것 같습니다.

그러다 봄을 낳는 아이가
갑자기 탈이 났습니다
토악질하던 아이가 축 늘어진 채
"엄마" 하며 딸의 품을 파고듭니다
애처롭게 엄마를 부르던 소리가
가늘게 기어들어 안타까워
애간장이 녹습니다

안간힘으로 배탈을 버텨내는
아이의 손발을 주물러주며
내가 대신 아팠으면 해봅니다
그렇게 아이가 잠이 들고
다음 날 아침, 거짓처럼 집 안팎엔
봄이 다시 살아옵니다

집안이 온통 아이 꽃입니다.

언어의 달인

아이가 하는 "엄마"는
똑같은 한 단어로 같은 듯
모두 뜻이 다르지오

부드럽게 "엄마"는 저 좀 보세요
웃으며 "엄마"는 사랑해요
애교스럽게 "엄마"는 나 예뻐요?
속삭이듯 "엄마"는 조심하세요
짜증 내며 "엄마"는 싫어요
다급하게 "엄마"는 도와주세요
칭얼대며 "엄마"는 주세요
복수로 "엄마. 엄마"는 빨리빨리요
하품하며 "엄마"는 졸려요
쩔쩔매며 "엄마"는 아파요
울면서 "엄마"는 몰라요
팔 벌리며 "엄마"는 안아주세요
뛰어가며 "엄마"는 이리 오세요

억양과 몸짓과 실린 감정에 따라
아이의 언어는 자립성과 분리성을 가지지요
그 언어를 알아듣는 엄마도 대단하지만
이처럼 한 낱말로 숱한 의사를 구사하는
아이야말로 언어의 귀재지요

생각 사로

어느 날 나는
몸과 마음이 서로 다르다는 걸 알고는
하나 되려 운동을 시작했네
마음의 나이만큼 젊어질 수 있을까?
몸과 마음이 똑같아지면
10년은 젊어질까?

초조해진 몸은 강행하네
침묵과 외톨이의 무거운 벽을 허물고
젊은 날의 나와 손을 잡네
일어서서 그윽하게 눈을 들어
나를 들여다보네
어느 젊음인들 지금처럼 성성했던가 싶네

지루하고 권태로움을 벗고 몸과 마음이
하나가 되어 젊어지는 걸 느끼네
몸의 탄력이 출렁임을 느끼네
지금까지 나는, 나이 들어 늙은 것이 아니라
생각이 늙어 늙었던 것 같네
이제라도 마음에서 늙음을 벗네

젊어짐도 마음먹기에 달렸다네
후배 전화가 반갑네!

돌밭에 버려진 뿌리일망정

재앙이었으리
모조리 다 쓸어가 버린
그러나 허허벌판에서의 끈질긴 이어짐
제 본연이 무엇인지조차 알 수 없는
그 지탱의 뿌리 그건 분명
그의 근본인 것이나
정확히 알 수 없어 늘 갈팡질팡
삶, 살얼음판만 같았으리

어차피 언젠가는 떠날 색색의 생
아무렇게나 바람처럼 흩어지면
그가 뿌린 씨앗들은 어찌 될까
세상엔 잡초도 제각각 이름이 있다는데
제 뿌리 하나 이어갈 뿌리가 없다면
그게 어찌 제대로 산 것이고
잘 살았다 할 것인가

제, 아니 재앙이었을지언정 뿌리 없인
존재도 없는 법, 곱든 싫든
제대로 이어지기를

소쿠리의 무게

세상에 물리적인 것만이 무거운 건 아니다

눈에 보이는 커다란 짐을 무거울 거라 여긴다면
세상의 모든 커다란 꿈들은 무게로만 채워져
누구도 버텨내기 힘들 거다

그렇게 물질만 곤함이라 생각했었는데 요즘 나는
눈에 보이지 않는 심리적인 것들이 더
무겁고 고통스럽다는 걸 안다

혹 그대가 세상 무거운 것들을 다 내려놓고서도
홀가분하지 않아 심신이 점점더
무거움을 느끼는 건 아닌지

그렇다면 이제라도 세상의 짐 다 털어놓고
홀가분해지려 애써봐야 한다
하지만, 달라질 건 아무것도 없다.

세상 것은 모두 소쿠리에 담길 물 같은 것
단지 너 자신의 마음가짐에 따라
모든 게 달라질 뿐이다

죽어야 사나니

어버이는 부지런히 새뜻한 사랑을 쌓아
입춘 너머 흐뭇이 내려 새싹 틔우니
그 어버이의 사랑이 봄비인 것
구름은 저 죽어 파릇한 봄 낳은 셈
저 죽어야 저 사는 것이고
자손이 무성해지는 것이다

그 사랑이 한 여름 장대비 같아
있는 거 없는 거 분별없이 다 퍼주어
저 죽고 나면 그 사랑 분별 못 해 대지는
홍수가 지고 사태가 나는 것이니 그건
사랑이 과하여 헛된 저 죽음이요
자손 망치는 것이다

다행히 우주는 사계가 있어
죽어야 사는 잔재들이 다시 환생하게 하여
또 어버이가 되니 이때도 그 어미
사랑으로 또 죽어야 사는지라
구름 뭉게뭉게 죽어라 쌓아 또다시
죽기를 어찌 마다할까

죽어야 사나니 어찌 어버이의 사랑
구름 같이 한없다 않으리

옹알이

아이의 옹알이는
마음의 소리이며 말의 기미다
그 소리를 깊이 이해해야
아이의 의사를 바르게 읽을 수 있다.

광물의 말은 빛깔과 부서짐이고
식물은 바람결로 일으키는 몸짓이고
동물은 몸짓과 울부짖음이지만 아이는
마음에 그 모두를 담아 말한다

아이의 말에는 움직임이 있고
몸짓과 울부짖음이 있고
빛깔과 나뉨이 있고 마음이 있어
신의 음성과 같다고 하겠다

아이가 그 다양한 언어를 익히는 데는
많은 시간과 시행착오가 뒤따른다
그런 것이 없다면 어떻게
저를 바르게 표현할 수 있겠는가

아이는 말보다 먼저
생각과 감정을 배우고 전하려 하기에
말이 더디고 몸짓이 바르지 않아

고집스럽고 엉뚱해 보인다

하지만, 아이의 옹알이는
세상 그 어떤 소리보다 아름답다.

군자의 길

벌새는 1초에 90회의
쉼 없는 날갯짓으로 공중에
우아하게 서있는 것이고
사슴은 자기 DNA를 심기에
거추장스럽고 불편한 뿔을
과시하듯 머리에 바꾸어 달며 산다

자그마한 그가 저토록 당당하게
세상을 향해 주저없이
달려 나갈 수 있는 것 또한
파도가 하루에 70만 번이나
제 몸을 쳐서 자신을 드러냄과
같다고 아니할 수 없다

세상에 의로운 자는 저처럼
숨겨진 필사의 고난이 있는 법
나는 하루에 몇 번이나 그와 같았을까?
몸 부서져라, 각고의 투혼도 없이 어찌
의롭기를 바라며 세상을 향해
불평만 토로하는가

그 길이 아무리 험난해도
포기하지 않고 최선을 다하면 반드시

우리도 저에 이르리다

* 이주영 세계 도덕 재무장 한국본부
  총재 취임식에서

상념 숱한 날

내 마음도 봄이려니
상념 숱하게 핀다

저 보도블록 틈에 피는
이름 모를 질기디질긴 잡초로
어느 집 담 넘어 흩뿌리는
올곧은 홍매의 꽃잎으로
추위를 제 날개로 감싸안으며
날아드는 평화스러운 비둘기로
정육점 앞 노상 펼친 노친의
고래 심줄 같은 까만 얼굴로
굽은 골목길 그날의 민족처럼
녹다 만 눈 뭉치로
뒷모습이 내 어머니 흡사한
은은한 백의의 모성으로
이런저런 상념 숱한 저
양지바른 모퉁이 살아 숨 쉬는 열기
흡사 나를 고자질하는
애국심처럼 봄 피워낸다

그 모든 상념
3월 1일의 그 장함에서 기인하여
용솟음쳐 피어난다.

아름다운 관계

달이나 유성처럼 아득히 그리워야
고운 것들도 있겠지만
가까이 봐야 더 고운 것도 있습니다

그래서 나는 그대와의 거리가
적당했으면 하면서도 늘
아주 가까운 곳에 있었으면 합니다

그대가 노을 속에서 곱게 물드는 걸 보려면
내 시선에서 적당한 거리에
그대가 아련해야 하겠기에 말입니다

하지만, 때로는 그대의 숨결을 느낄 수 있도록
아주 가까이 있어 역한 체취가 무례할 만큼
솔직하여, 진정 끈끈했으면 좋겠습니다

나를 포옹해 주던 당신의 풋풋함으로
기회 있을 때마다 나도 내 아이를
숨이 막히도록 포옹해 주고 싶으니까요

결국에는 그 아이도 성장하여
제 갈 길 아득히 갈 것이니까요
우린 어차피 그런 불가분의 관계니까요

사라진 당산나무 언덕

별이며 바람이며 새들이 살던 당산나무
마을 어귀에 서서 밤 지새던, 처가
한때 그 나무, 숱한 애한 막아주곤 했었고
잔가지마다 온갖 사연 걸어놓아
액땜 덕에 마을 번창하였다

수많은 객이 흘러들어 그곳에
둥지를 틀고 가지 뻗듯 뿌리를 내리곤 했는데
어느 순간 재빠른 개발의 발들이
고층아파트를 번개 치듯 일으켜 세워
바람의 길을 막고
경인 운하의 노을을 독차지하고
그늘 지워 때를 알리던 산그림자며
당산나무 그늘까지 고층아파트 그림자로 다 지워져
운치와 서정 까맣게 말라 자본주의 깃대로
가로등만 비가번쩍하였다

그렇게 지금은 당산나무도 사라지고
언덕도 깎여나가 사라지고
옛 명절의 이바지 풍습도 사라지고
똬리에 보따리 올려 오가던 동네 아낙들
당산나무 아래 은근하던 선남선녀들 다 사라져
사람 하나 보이지 않는 삭막한

고층아파트 촌이 되고 말았으니, 그것이 그동안
세월 인내한 위대한 선물이던가

그 삭막함 언제까지 견디며 인내로 이겨내어야
처가 동네에 다시 다다를까?

사느라 그랬으리.

아파서? 몸이 마음이 아니면
두려워서 낯설어서, 뻑 하면 우는 게
말보다 욕구 충족에 효과적이어서
웃음보다 울음이 더 많았던 때도 있었건만
울음이 뜸해진 것이 언제부턴지

청년이 되어가면서 한 번도
소리내어 울어보지 못한 것 같다
아니, 울고 싶은 마음조차 들지 않았다
그렇게 눈물이 많이 쌓인 탓일까
나이가 들어 심신이 약해진 탓일까

요즘은 찬바람에도 눈이 아파
주르륵 눈물을 흘린다
슬픈 드라마나 영화를 봐도
마음이 격해져 눈물을 흘린다
남의 슬픔 빙자한 속풀이다

오래 살아서인가 이유 없이 실컷
울고 싶을 때가 있다
이럴 땐 누가 펑펑 울게
핑계 좀 만들어 줬으면 참 좋겠다
숨죽여 죽은 듯이 흐느껴 보게

슬퍼하며 흑흑 흐느껴본 지 언젠가
위로받으며 남의 어깨에 얼굴 묻고
눈물 흘려본 지 언젠가
팽팽 코 풀어가며 통곡해 봤으면
속병 다 달아나도록

추파인가? 사랑인가?

마리엔바트의 비가(悲歌) (Marienbader Elegie)는
요한 볼프강 폰 괴테가 부인과 사별한 후
1823년 9월 74세의 나이로 19세의 울리케를 사랑하고
청혼하여 이루지 못한 자신의 처지를
솔직하게 노래한 시다.
아니 간절한 주술의 주문이었다

그러기에 55년이라는
긴 세월의 격차를 뛰어넘어
19살 올리게는 자신이 30살이 되던 해
1832년 괴테가 83세로 죽고 난 후에도
자신이 95세가 되도록 76년간이나 괴테를 사랑하여
독신으로 살다가 간 것이다

있을 수 있는 일인가?
과하게 아름다운 일이다. 하지만, 내겐
상상할 수 없는 추파이자 저주다
그래도 나는 그들의 사랑을 존중하고 싶다
비애일지언정 축복해 주고 싶다
사회적 통념을 깨면서까지

사랑은 위대해져야 하는 것인가?
추해져야 하는 것인가?

몸이 옷을 거부할 때

밝은 기운이 가득했다
골목 안 가득 태양이
웃옷 벗고 지나갔는지 집집이
대문대문 광채로 눈부셨다

그 뜰 안 같은 동네 아이들 몇몇
위용이 번쩍 빛나는 일출봉만 같아
온 동네가 밤낮 광명으로
희번덕거렸다.

세상에 두 번 다시는 없을
상승기류를 갈아탄 아이들
그뿐 아니다 동네 전체가 개발로
부상하고 있었다

시세 가치도 높아지고 있었다
떠나기 싫은 동네 그쯤에서
나는 감당할 수 없어 상승 기류에서
하차하고 말았다

그렇게 분수껏 동티를 피해
아파트로 거처를 바꾸어 입고 산다

몽골인들의 환생

세계 개의 날에
죽어서 꼬리 잘린 몽골의 개였을
환생 전의 저들을 돌아본다
꼬리를 잘라주고 묻어줬을
저들의 주인을 생각하며
꼬리가 잘렸을 나의 꼬리뼈를 만져본다

꼬리를 잃고 사람이 된 저들
무엇을 얻었을까?
거짓말을 밥 먹듯 하는 일
긴 슬픔에 잠기는 일
과연 개였을 때 그런 걸 원했을까?

붉게 태양이 지던 몽골 초원의 개로
바람처럼 양 떼를 몰던 일과
은하수가 뿌리는 은빛 냉기를 견디던 일과
그런 밤 같은 지독한 외로움
사람이 된 지금 정말 다 잊은 걸까?

꼬리뼈를 더듬으며 잘려
아무렇게나 버려졌을 저들의 꼬리를 생각한다
나를 묻어줬을 주인의 축복으로
나는 과연 무엇을 얻었을까?

슬픔과 허무함만 키워준 잘린 저들의
꼬리는 어떻게 되었을까

세계 개의 날에 꼬리까지 통째로 묻어준
충견들의 환생을 생각해 본다.

사색 우체통

적막이 댓돌 위에 뽀얗게 내려앉자
마당 구석구석 잡초들이 하나 둘
궁금증으로 고개를 내밀고
대문간 퇴색한 우체통에는 사색만 성하다

길게 고려 말, 이 집의 기둥을 세운 이래
몇 대를 못 가 전쟁으로 주인이 갈리고
새로 집수리를 하자 나라가 바뀌고
조선이 세워지자, 이번에는
중원 대국의 침탈로 또 주인이 갈리고
왜놈들의 강점기로 또 죽다 살아났으며
우체통도 여러 번 바뀌었다

한때는 우체통이 미워지도록 우편물이 많아
덩달아 주인도 바빴는데
세월 따라 주인 따라 쇠해지던 우체통
가끔 우편물이 허리 꾸부러져 퇴색하기 일쑤이더니
그도 점점 뜸해져 언제부턴가는
계절 따라 바람만 사색 찾아와 겨우
안부 놓고 가곤 한다

재개발 지역 저 역사의 꽂지
사색의 파란 우체통

유기견의 꿈

가렵니다. 가서 보렵니다
그대 올해도 하늘을 가려 꽃그늘 드리우면
나는 다소곳이 그 아래 여운 가득한,
한 채의 집이 되렵니다
밤새 별들과 속삭이다 연민으로
홍조 풍만해져 후루룩 꽃비가 되는 밤이면
나는 또 내 집을 그대의 안식처로 내어주렵니다
오 이른 아침, 내 집이 꽃비에 쌓여
꽃무덤이 되면 나는 그 집의 문
꼭 잠근 채 꽃무덤의 주인이고 싶습니다
뭇 새들과 고양이가 문상하고
다람쥐가 상식을 올리는 그런 봄날에
나는 비루한 유기견의 생을 묻고
가렵니다. 가서 잠들렵니다
나의 한 생은 버려졌지만 그래도 최후는
안락하게 마치고 싶습니다

* 버려져 자유로운 듯 자유롭지 못한
유기견의 처절함을 아파하면서

삼월, 아쉬워 헐떡이다

가는 삼월 아쉬워
달력 찢지 않으려다 찢는데
두꺼운 내 외투 벗겨 물고 달력장
하얗게 한 마리 새 되어
날아오른다

그 뒤를 끼룩끼룩 꼬리에 꼬리를 물고
날짜들 삼십여 마리 줄지어 날아오르는데
해마다 여덟에서 아홉 마리는
꽃처럼 밝고 자유로운 새끼들인 듯
못내 아쉬워 붉은 여운을 남긴다

새벽 출근길에 하루 헤집으러
찬 공기 가르며 둥지 떠나는 길이라며
춥다고 끼룩끼룩 날아오르던 나날들
이젠 다 그 달력 속으로
가고 없구나

잘 가거라. 못 잊을 철새들아
아니 삼월의 날들이여
가면, 이 길 잊지 말고 다시
튼실한 날갯짓으로 힘차게 돌아와
명년 또 열어 보자꾸나

삼월의 문턱, 너의 긴 다리로 건너
명년에 다시 열어오기를 기대하며
먼 길 떠나는 너의 길이
늘 빛나는 행운으로
가득하기를….

그는 나를 친구라했네

한 야수의 죽음을 외워 싼 독수리들의 사투
약육강식의 진면모를 보며 나는
나의 내면에 깊어지네

그곳엔 낯선 한 사내가 있네
자신이 무슨 짓을 했는지?
누군지? 왜 하필 그였는지?
자세히 보고 나는 소스라치네

저 쓰러진 사체, 살생을 즐기는 나와
나의 사냥총에 명을 다한 야수
한때의 야심이, 희열 그건
성취와 충족을 위한 무모함이네

정글의 법칙이란 다큐에서
꾸고 나면 사라지던 꿈같던 생을 보내
나도 모르게 저지른 폐해에
얼마나 많은 이가 희생되었을까?

불현듯 저 고요로 위장한
피의 정글을 바라보네
과연, 나의 사냥총이 고장 났을 때
자신의 총을 빌려 줄 사람은?

없네!

2부

오월의 눈사람

엄마는 위대합니다.

신이 자신을 대신하여 만든 엄마
아니! 신이 할 수 없는 일을
할 수 있게 한 엄마
여러분은 그 신보다 더 위대한
엄마의 여식들입니다.

그래서 아기는 엄마의 품에서
엄마의 손을 꼭 잡고 엄마가 되기 위해
새근거리며 잠을 잡니다.
아니! 자라납니다.

그 위대한 엄마의 아가였을 여러분!
여러분은 그런 엄마처럼
위대합니다.

반드시 그 위대한 엄마가
될 것이니까요.

여성을 존중하는 사회는 찬란하여
언제나 새로운 해가 뜹니다.

*십남매를 출산한 엄마를 보면서

아내의 빈자리

인파가 미어지는 관광지는 꽃들로 화사하다
그러나 나는 침울하다
아내와 떨어져 외딴 외눈의 심정을 느끼기에
일행들은 제각기 꽃을 칭찬했지만
아내를 대신할 동감의 느낌은 거기 없었다

일행의 멋진 차림들도
산해진미 맛있는 음식도
아내와 함께하는 아담한 동네 공원이나
씀박한 맛집 칼국수만 못했다

서둘러 피고 지는 저 꽃들
누구를 위해 저리 화사한 건지
꽃의 빛깔도 향기도 같건만
홀로라는 건 결국 즐거움도 지지부진한 것

아내는 그의 지인들과 여행을 떠났다
희희낙락 좋아라. 웃음꽃을 피울까?
그도 나처럼 나 없인 뭔가 부족한 느낌일까?

못 믿어 전화한다
꽃 고우냐고, 여행 즐겁냐고
아니. 좋아도 빈말인 듯 그저 그래, 한다

벌써 수십 년 들어온 빈말
그 말, 뭐라 설명하긴 어렵지만 나는 안다

아내는 내 마음 모르는 듯 나를 알고
나도 아내 마음 모르는 듯 아내를 안다
아내는 여전히 내 속 알고
나도 여전히 아내의 속 알기에

원수니, 구수니 해도 우린
우리였을 때 더욱 행복해진다
우리가 부부로 산다는 것은
서로의 마음을 함께 나누는 것이기에
없어 봐야, 멀어져 봐야 서로 애틋하다

부부란 둘이 하나로 전체가 되는 것이기에

사막의 무덤

오늘 완성하면 그걸로 끝인가?

내일은 또 무엇을 시작하게 될까?
자신을 기억하면서부터 나는 늘 무언가 시작했고
또 끝을 내곤 했다

그러기를 어언 60여 년
그러느라 머리털이 빠지고 또 하얗게 쉰 것은 아닌지?
하지만 나는 오늘 또 다른 시작을 찾아 또 새벽잠을 깬다

새벽엔 달이 서산에 홀로 졸거나
별이 다 식어 먼동에 지워져 갔다
마치 끝을 낸 나의 어제가 흔적도 없이 사라지듯

늘 시작은 빗방울 딛듯 하지만 끝날 땐 웅덩이가 진다
어떤 유익을 위한 수고로 나도 윤택한 생을 얻는다
겨우 몇 날의 윤택이겠지만

흙을 만진 날은 씨앗을 뿌리고
컴퓨터 자판을 두드린 날은 글씨를 캐고
연장을 다룬 날은 무언가 결실을 본다

그런 시작들이 그렇게 그날의 끝이 된다

한 생애를 짓는 건 그렇듯 무수한 도전과 도약으로
끝끝내 끝을 보기 위해 가는 것이리라

끝이 없어 지쳐 죽은 이의 무덤이 아니라
민가가 가까이 있어 누가 묻어준 것이라는 말인즉슨
끝없을 것 같은 사막도 끝이 있다는 것이고 보면

우리네 생 또한 사막의 무덤인 셈

가슴에서 용이 죽던 날

4월 16일 밤 8시 48분 배가 기울고 있다
필시 저 배는 가라앉고 말 것인데
왜들 뛰어나오지 않는 거지?
수십 분이 흘러 배가 기울어 침몰 직전에서야
상층부의 사람들만 탈출을 시도한다
저 큰 배 안에 수백 명의 학생들을
모두 침착하란 말로 묶어놓은 채로 말이다
배가 뒤집히면 공기가 용골에 갇혀
그걸로 구조 때까지 기다릴 작정인가?
저 미련곰탱이 같은 인솔자 양반들
그 참담한 결과는 그리 길게 가지 않았다
흡사 그 40여 분의 참사는 누가 일부러 저지른 것처럼
너무도 쉽게 침몰했고 저항이나
탈출의 의지도 강하게 어필되지 않았다
이윽고 배 안의 아우성들이 시작되나 싶더니
용골 쪽의 몇몇만 빼고는 끝이 나고 말았다
그러자 그 아우성이 뭍으로 이어졌다
부모·형제들과 친구들로 이어졌다
참담했다 누구 한 사람만이라도 좀 더 빨리
탈출을 유도했더라면 한 사람도 죽지 않았을 텐데
10여 년이 지난 지금에도 그곳 팽목을 지나노라면
그 300여 명의 억울함으로 물살이 팽팽해져
내 목이 어느새 팽목항에 걸려 침몰하는 것 같다.

선장 놈만 정신이 올바로 박혔더라도
대통령만 더듬거리지 않고 즉시 조치만 내렸더라도
지금 그 희생자들은 이 사회의 주인들이 되어
이 강산이 좋아라 영위할 것인데
아! 세월호의 비극, 세월 가도 잊지! 말라고
배 이름도 세월호였던가
나이 들면 세월만큼 눈물도 많아진다더니
이젠 팽목항도 눈물에 가려 뿌옇다.
아 우리의 아들딸들아
억만 번을 생각해 봐도 너희들에게 할말은
미안하다 이 말뿐이구나 미안하다.

야옹이네 집 방문하기

동화 작가인 나는 고정 관념을 부수려
영세 아이를 따라 고양이의 성으로 갔다
고양이 성에는 고양이 이름 대신
야옹이라 쓰여 있었다
어미도 새끼도 모두 야옹이였다

아이의 야옹이 친구는
처음 접하는 어른들에게는 어색하였다
일상에서 봐온 고양이와
그곳의 야옹이는 모든 게
낯설고 달랐다

아이의 야옹이를 만나는 동안
평생 봐온 고양이가 야옹이로 변해갔다
처음에는 보이지 않던 야옹이의
마음도 율동도 점점 또렷하게
다가왔다

그러면서도 고양이였다가 야옹이였다가
관념을 지우며, 왔다 갔다 했다
쥐를 잡는 포악한 고양이도 없고
길에 버려져 초라한 유기 고양이도 없어
나는 착한 야옹이들만 생각하게 됐다

아이는 야옹이의 성에서 오래 살고 싶어 했다
나도 아이와 함께 야옹이를 닮아갔다
아이의 세상을 알기 위해 야옹이 성으로 간 나는
야옹이 친구가 되어가면서 고정관념 속
모든 고양이가 불쌍해졌다

여행 매뉴얼

나는 그들과 날려고 깃털을 하나 샀다
26A 번호가 새겨진 깃털
날뛰는 깃털을 구겨 주머니에 넣고
몸집에 들어앉자 높이 날아올랐다

처음에 그것은 빈약하다고 여겼다
하지만, 그건 기우였을 뿐
그 몸집은 쾌속으로 드높이 날아올랐다
미동도 없는 날개는 얌전히 기류를 탔다

몸집 가까이 구름을 끌어와 누워본다
가벼운 듯 구름은 무거워 함께 날지 못했다
비대한 몸집은 작은 창문과 커다란 날개가 있었다
그것들이 주머니 속의 깃털을 위해 난다

아니 우리를 위해 미지로 날아간다.
미지는 땅에서 구름 위로 길고 푸르게 펼쳐졌다
몸집은 아직 미지에 도달하지 않은 비행 중
잠시 후 땅위의 미지가 시야에 들어온다

처음에는 걱정스러워 추진력을 의심하였지만
거뜬히 날아올라 나의 의구심을 날려버리는 거였다
편안하게 미지로 날아가는 비행의 황홀함 잠시 후

몸집에서 내려 미지의 땅에 첫발을 심는다

여행은 계획된 것이나 미지는 변수가 많아
하나하나 새로운 모험 천지다.

어떤 노을에 물들 무렵

유독 무례한 듯 친절하다
나는 계속 늙어가야 하고 아이는 계속
커 갈수록 더욱 친절하다

지친 나는 오후를 허리에 감고 주저앉고
아이는 질경이처럼 질기게 푸르다
덩달아 아이 엄마도 그런 친절에
물푸레나무처럼 한 뼘 자란다

물푸레나무는 중간에서 철학자가 되어
나와 아이의 물음과 대답을 함께한다
꽃무늬를 입은 상냥한 내 딸로
아이에겐 상황에 따라 카멜레온의 입술이 되어

딸의 입술에서 입술로 커가는 친절한 아이
나는 그런 아이에게 무언의 편지를 쓴다
불현듯 꽃 편지를 받은 아이는
내 몸의 느른한 오후를 걷어내려 친절하다

상냥한 내 딸과 아이는 웃음으로 입술이 부풀고
부푼 입술에서 친절을 또 피워낸다
간혹 나의 다리 통증이 아름다운 생명력을 저해하는
치명적인 가시를 뿌리기도 하지만

나는 아이의 친절을 가져다 마른 입술에 심는다
오후는 잠시 그늘을 드리우고
아이는 친절하게 햇살 한 움큼 쥐어와
나의 입에 털어 넣는다

붉은 혓바늘이 즐비한 꽃술 같은 나는
그런 아이의 친절과 딸의 지혜로
한 때 노을에 물듦이 곱디곱다

이름의 차이

아버지가 지어주신 내 이름과
내가 지어준 아이의 이름은 다른 듯 같았다

아버지는 나 잘되라고, 나는 아이 잘되라고
하지만, 나를 지도자로 소망하신 아버지와
아이를 장차 선지자로 원한 나와는
시대적인 요구와 개개인의 욕구가 다르고
국가관과 충효 사상이 다르고
변화의 속도와 다양성이 다르다
특히 날로 급변하는 세상 속에서
본인의 분신에 대한 사명감이나
집착이 다르다. 하지만,
무조건적인 내리사랑만큼은 같다
아이를 늘 벌판에 서있는 앙상한
나목으로 바라본다는 것
늘 배고파 허기진 행랑 자로 여긴다는 것
그래서 배가 보름달 같아도 텅 빈,
빈 달로 보이기만 한다는 것
멀리 더 높이 날기를 원하여 몸은 병아리인데
독수리의 날개를 달아주려 한다는 것
당연히 부담스러운 건 자식
그러니, 부모에게서 벗어나려 할 수밖에
달아나면 있는 거, 없는 거 다 해

찾아가서는 제 혼까지 다 벗어주고 싶어 한다는 것
고로 역사 이래로 부자간은 친하기가
같은 듯 다를 수밖엔

내 부모도 내게 그랬을까? 의심하지 마라!
이다음에 죽어지면 안다.

때론 끈기가 행운을 낳는다

그의 꼬리가 잘리던 때쯤 나는
웅덩이에서 허우적거리는 그를 보았다
그땐 물이 맑아 몸을 지탱할
의지가지 하나 없었는데

나도 사느라 한참을 돌아치다
그늘 우거진 그 웅덩이에 우연히 서고 보니
장마로 범람한 웅덩이를 모면했던 그가
어미 개구리가 되어 돌아와 있었다

나는 처지를 모면하려 안 해본 일 없었어도
세월 다 죽인 지금도 고작 나그네 삶인데
저 미련한 개구리 놈은 한 웅덩이에서
무모하리만큼 사력을 다하더니 끝내

아스라한 저곳을 제 아방궁으로 만들어
의젓하게 드나드는구나!
때때로 생각해 볼 가치도 없을 무모한 도전이
생을 저리 윤택하게 바꿀 수도 있다니

서산에 지는 해 등지고
그의 아방궁 떠나는 나는 행여나
노을에 그림자조차도 비실비실 가늘어지다가

사라지고 말 것인데,
꼭 문 앞에서 돌아선 격, 이제라도 그 행운
내게는 그쯤에나 있으려나

목련은 북향으로 피었는데

일월에도 동짓달 같아 수줍기만 하던 꽃망울
삼월 남 볕에도 여전히 수줍어 북향으로
고개를 돌린 채 엉덩이 쪽부터 성숙하였구나
엉덩이가 탐스러운 이국 여인들처럼

그의 고향은 제주도라던데
제주는 남풍이 사나워 꽃망울들이
북쪽으로 고개를 돌렸으리.
그 통에 햇볕에 엉덩이부터 성숙하였으리.

목련 같아 곱던 내 어머니
월남하여 남쪽에 살면서도 늘 북쪽으로
그리움 피워내시던 것도
다 목련을 닮으신 까닭이었으리

연못의 연꽃 같은데, 나무에 피어 목련(木蓮)이요
그 향이 난초만 같아 목란(木蘭)이요
꽃망울을 북향하여 북향화(北向花)이지요
생을 뚝뚝 떨구시던 그리운 내 어머니지요

이젠 그 북향화 만발하여
세상이 온통 환하여도 그런 북향 바라기 나는
두 번 다시는 돌아오지 못할 북향으로 가신
어머니 더욱더 그립다오.

아기가 더 곱지

연둣빛 오월을 가르며
꽃구경을 나서네
이곳저곳 전국 곳곳에
기고만장 꽃들이 피어있네

세상 어느 꽃이고 어디에 있건
제아무리 고와도
제일 곱다 하지는 말게
꽃 중의 꽃 하나 있네

오월 오일 딸이 집에 오면
호! 호! 호! 곱살스러운
우리 아기 꽃이 제일
곱다네

오월은 팔랑개비

엷은 오월의 귀는 투명하고 붉지

누가 거슬리는 소리를 하면
속까지 투명하고 붉어지지
누가 붉다고 귓속말을 하면
더욱더 투명해지지

오월은 변덕이 심한가 봐
믿을 놈이 못 된다고 누군가
내뱉은 말에 화가 나서 또
붉고 투명해지지

간혹, 거슬리는 말을 듣고도
못 들은 척 시치미를 떼지만
더욱 울긋불긋해져
시치미를 뗄 내야 뗄 수도 없지

꽃이 아름답다거나
넓은 꽃동산이 황홀하다는 둥
칭찬에는 귀를 닫고
거슬리는 말에만 귀를 열지

오월은 결벽증 환자일지도

화가 나면 이성을 잃고 꽃을 피워내
여기저기 팔랑팔랑 붉고 투명한
꽃동산을 남기기도 하지

오월은 너무 예민한가 봐
어린아이처럼

오월의 눈사람

오월인데 당신의 생이 왜
눈사람 같다는 생각이 드는지

훨훨 고향 찾아가시라고 분골 뿌려드리던
강기슭에 서면 그 장엄하시던 생이,
그 파란만장하시던 생이 차츰 하나씩 녹아내려
낮아지다가 아득히 사라지던 눈사람 같으시던지

당신의 처음도 그리 순수한 한 점 흰 눈으로
시작하였겠구나 싶던지
서러움에 복받쳐 뭉클 흐릿한
당신의 흔적 위에 엎어져 웁니다

지금은 다 사라져 겨우 제 속에 그리움인
당신을 공경하여, 제가 할 수 있는 최선은 고작
눈사람으로 살아내신 당신의 생을
온전히 제 속에 간직하는 일뿐

당신이 다 녹아내리는 동안 저는
살을 붙여 당신 닮은 눈사람이 되어 가는 일
당신에게서 녹아내리던 사랑을
온전히 제 속에서 살아나게 하는 일

당신이 평생 베푼 사랑은 눈처럼 녹아내리던
저 텅 빈 자리 눈사람임을 잊지 않는 일
오월, 이 순간에도 진정한 눈사람으로
최선을 다하여 사랑 녹여내는 일

* 어버이날에 즈음하여

어버이는

너희 마음이 그 안에 다 담겨도
저수지 같아 하나도 젖게 하지 않으시리

너희 마음이 모나거나 심술스러워져
그 안에 투정처럼 던져져도
모나지 않게 물 무리 지어
둥글게만 품으시리

너희 걱정이 산 같고 구름 같거나
물가의 나무나 새들 같아
겹쳐 담겨도 상처 하나 입지 않게
그림같이 품으시리

너희 사연을 수면 위에
무수히 써 놓아도 어느 것 하나
허투루 하지 않으시고
고이 다 읽으시리

너희 자랑이 나라보다 크고 커서
하늘 같고 바다 같아도
품으시면 넓고 깊어 하나도
넘치는 법 없으시리

너희 불효가 아무리 불편해도
하나도 내치지 않고 곱게 품으시리

* 어버이날에 즈음하여

사육신의 오늘

옳다는 것은
옳아야 한다고 주장하는 측의 주도에
옳게 반응하는 것이다
그러기에 옳다고 믿는 사육신은
주장이 다른 군주에 의해
역신이 되고 말았고

그런 군주의 왜곡을 거울 보듯 하면서도
역사는 사육신을 인정할 수도 없고
군주를 부정할 수도 없어
사육신을 충신이라 인정하지도
세조를 폭군이라 기록하지도 않았으며
기억하도록 하지도 않아

사육신의 묘는 오늘날의 정부에서조차
한강 물 유유한 자투리땅에
이름조차 밝히지 않은 채 초라하게 묻어버려
세상 밖에 버려진, 역사와는 무관한 한 촌부로 묻혀
오늘 우리에게 그날의 진실을
호소하는 것일지도

아 낙락장송으로 우뚝하던 성산 어디 두고
강기슭 음지에 그 (巨) 의롭던 신 (臣) 다 찢긴 채

맨발로 버려지듯 묻혔는가?

역사에 미루어 의로운 임들의 영전에
우린 오늘 임금에 버금가는
예를 올린다

신의 의중을 읽다

오월은 신이 부지런을 견주는 달

저절로 희망을 피워내는 듯
덩달아 먼 누구에겐가 나를 피워내고 싶은
그런 소망을 전하고 싶은
설렘의 달이다

천 번의 정성을 들여야 겨우 한번
사랑의 기회가 온다고 했던가?
저 소생들이 그렇게 다
분주하고 지대했다는 것이고 보면

저 헛된 듯 우후죽순 한 소생들 감히
대자연의 순리에 순종한 것이리
그러기에 풋풋한 듯 제각기
향기 간직한 채 성숙 꿈꾸는 것이리

작고 촉촉한 들꽃 하나에서
키다리 꽃나무의 환한 소망(메시지)처럼
어느 것 하나 진실하지 않은 것이 없어
오월엔 모두 최선 다하는 것이리

그래서 나도 무엇이든 읽느라 들여다 봄
행여나 또 보고 또 봄

원망초, 망초

상인 후쉐옌 (胡雪巖)을 읽는데 문득
육십 세 중반의 아버지가 환하게 다가오신다

병색이 짙어 걸음걸이가 발목 헛디딘 황소같이
가난한 처지에 약값 한 푼이 새로우면서도
돈 쌈지를 주워 파출소에 갖다주시던 아버지
젊어서는 공장 팔아먹고 달아난
공장장 닦달하려 찾아가서는
사는 꼬락서니가 지지리 궁상이어서
오히려 쌀 팔아주고 돌아오시고
타향살이에 오갈 때 없는 청년 데려다가
대가 없이 재워주고 밥 먹여 주고
정신 차려 고향으로 돌아갈 때
여비까지 챙겨주시던 아버지
처자식은 헐벗고 못 먹어 수수깡 되게 하여
원망스럽고 밉기만 하였는데
이제 그 일들이 오히려 환하게 선한 꽃으로
다가옴은 어떤 연유인가?
불행한 이를 보면 울컥 슬픔이 앞서곤 하는
내 마음속에 도사리고 있는 선량함
이것이 아버지가 내게 심어주신
가르침이었던가?

이문을 챙기기 전에 먼저 사람을 구하라
생애는 인심으로 이루어지나니

영원한 청년 심훈

평온한 2024 년 5 월처럼
유유한 한강이 내다보이는 동작 충효길 3 코스
36 년의 짧은 그의 생애에 비추어 굽이굽이
비탈길과 효사정 , 그리고 심훈 공원 길고도 길다
일제 강점기 일본인들은 그를 핍박하여
생을 제대로 펼쳐 보이지도 못하게 하였고
불운하게도 장티푸스에 전염되어
어처구니없이 작고하였다

파란만장했던 짧은 그의 생애
새삼 돌이켜 불운한 듯
그의 죽음이 오래였지만 찬연하다 여겨진다 .
일제 강점기가 아니었다면
그의 길이 이곳뿐만이 아니었을지도
그의 업적이 태어난 곳만이 아니었을지도
오늘 우리가 그의 길을 돌아보는 것은
그의 업적이 아니라 그의 청년 정신이다

내일에도 또 누가 이 길을 찾을 것이나
그들도 우리와 같을 것이다
오랠수록 더 그리워질 그의 청년 정신
오랠수록 더 사무칠 그의 민족정신
잊을 수 없는 오월의 청년
심훈을

단추

아무런 준비 없이 태어난 듯 우린
완벽한 준비 끝에 태어난다
세상에 도착하였음을 알리는 첫울음
그건 세상에 고맙다는 인사다
또 두렵다는 엄살이다

그 첫 단추는 엄마의 사랑에 끼운다
그리고 성장, 그다음은 이성,
엄마를 닮고, 시험하고 꽃이 되고
엄마가 되어 열매를 맺어 간다
하지만 언제나 마지막 단추는
꿰어질 곳을 찾지 못해 무엇엔가
허전하고 그립고 아쉽기만 하다

끝없는 해바라기의 한때가 가면
쓸쓸한 계절인 듯 공허하다
그러나 허송세월 속에서도 가득한 결실
가냘픈 듯 안간힘으로 엄마를 닮아
새싹 피워낸다

그러기에 우린
아무런 준비 없이 태어난 듯
희망을 보며 노년이 평온한 것인지도
그때도 신의 뜻으로 간혹 단추를 바르게
끼우지 못한 가련한 생도 있지만

발자국의 깊이

나이는 나비 같다가 새가 되어 날아가지
그런 하늘 푸른 날이 어느새
수긋해지면 , 잠자리로 돌아오는
많은 것들에 휩쓸려 한 구석에 가서 눕지

저 발걸음 가벼운 아이들 좀 봐
아무 곳에나 흔적을 남겨도 금방 사라져
언제나 평탄하고 평온하지
하지만, 내겐 그런 게 엊그제야

나이 들면 고공의 독수리 같아져
기류에 편승해 날갯짓이 적지
걸음의 폭도 좁아지고 속도도 더뎌지지
그러나 깊어져 그 자국 오래 남지

아버지가 가실 때도 그랬고
어머니가 가실 때도 그랬어
오래도록 이 가슴속에 그 자국
지긋하여 깊고 깊었어

오늘 아침 길을 나서며 새삼
발걸음이 점점 좁아지고 깊어짐을 느끼네
예전처럼 마당 깊은 집도 아닌데

아파트 고층에서는 마당이 깊고도 깊네

아이들은 놀이터에서 나비처럼 훨훨
잘도 솟아오르는데

잦은 시도만이 내면을 연다

태산 같은 압도가 칠흑의 동굴이다
어느 곳에서부터 말미를 잡아야 하나
그의 저 작은 몸으로 어느 천년에
뾰족한 수가 없어 보인다
한동안 돌에 갇힌 손오공이 될
그의 끈기

모래 쓸려나가듯 차츰 윤곽이 드러난다.
그 속의 정체 끊어내려는 끈질긴 망치질
사우나 벽처럼 구슬땀을 흘리네
언제쯤 최후의 모습을 볼까?
아궁이에 모서리 다 타버린 부지깽이 되어
수굿이 때린 곳 또 때려대네

어느새 태산 사라졌네
무덤덤 버텨내던 거죽을 벗네
말라붙은 진땀이 하얗게 분을 피우네
태초에 숨겨두었던 그를 만나 보네
그 수천 번의 시도, 정 때림
석수의 손끝에서 숨겨진 그가
마침내 살아오네.

3부

시시비비의 교차

감명은 곳곳에 있지

책 속에, 영화 속에, 음악 속에, 그림 속에,
또 경쟁 속에 이 모두가
우리의 생활 속에 있기에 나는 말하지
기회는 우리들 속에 있지라고

바람과 함께 사라지다
제목부터 우릴 사로잡지
하지만, 처음부터 그런 건 아니었지
신문기자 마거릿 미첼이
다리가 부러진 절망 속에서도 소설을 쓰고
제 글이 책으로 출판되기까지의
끈덕진 투쟁에 의해
맥밀런 출판사 사장 레이슨을 굴복시켜
책이 나오고 영화가 되어
우리들을 감동케 했지

미첼은 자신의 책에서 이렇게 말했지
'모진 운명은 그들의 목을
부러뜨릴지는 모르겠지만
마음을 꺾어 놓지는 못했다. 그들은
우는소리를 하지 않았고 싸웠다.'라고
 기회는 예고가 없지
그대의 투쟁 여하에 따라 기회는 주어지지
기회를 가린 그 장벽 무너뜨리는 날까지
나는 그대를 응원하겠네!

그대는 꽃이리다

여수 향일암에 오르다 보면
귀머거리, 장님, 벙어리, 세 동자 석상이
새로이 마음을 씻게 한다
그뿐만이 아니다
좁은 바위틈 길을 세 번이나 굽이돌아야
암자에 이루는데 그 또한
그대가 말라깽이라면 나도
그대와 한 벌 젓가락이 되어서라도
부처님을 만나겠소.
아니겠는가

아라비아의 옛 시에 전하는 말에도
'그것은 사실인가?'
'그것은 필요한 말인가?'
'그것은 친절한 말인가?'라는
세 개의 황금 문이 있어
그 문의 질문을 통과해야만
위로가 되고, 기쁨이 되고, 슬픔을 나누는
의지가 생겨 감동을 주고 세상을
바꿀 수 있다고 하였다

그래야 그가 노을이 될 때
그들의 마음 역시 노을에 물든

저녁 하늘이 될 수 있다는 것이다
또 어떤 시인은 그대가 나무라면 나는
그대의 발등을 덮는 흙이요, 낙엽이리오
그대가 숲에서 우는 작은 새라면 나는
그대를 쉬게 할 나무 가지리다 하였다

시인도 꽃처럼 아름다운 색깔을 지니듯
정직한 마음 역시 아름다운
향기를 지닌 꽃인 것이다
기회는 노크하지 않는다

초년 쾌속의 기억

한 때 우린 볼록 렌즈였다.
무엇이든 시작하면 불이 붙도록 집중했다
그렇게 몰입하는 사이 우리의 위치도
큰 산의 5부 능선쯤에 와 있다 싶었는데
느닷없는 브레이크다.
잘 나가던 백차 한 대가 탈선하나보다 싶더니
천 길 소태골로 급히 추락하고 말았다
그의 사유는 과속에 의한 돌연사였다

장례식장에서 나올 때 우린
우리의 열정에 박힌 그의 쐐기를 봤다
잠시 멈추어보니 우린 아무런 점검도 없이
비포장 같은 세상을 과속하고 있었다
목적지도 정한 바 없는 질주
그의 갑작스러운 탈선을 보며 깨닫는다.
그러면서도 너무 젊어 어찌할 바를 몰라 우린
머릿속이 복잡한 컴퓨터 게임 속만 같았다
마치 죽음을 향한 경주인 것처럼 쾌속에 젖어

고속도로를 달려 돌아오는 내내
죽음의 경계를 끊고 멈춘 그가 영정 속에서
우리를 향해 비웃고 있었다
편안하게 웃고 있는 그가 속절없이 부러웠다

하지만 우린 멈출 수 없었다 .

차창을 때리는 속도감에
그의 죽음도 차츰 희미해져 갔다
그때도 우린 바쁜 내일에 집중하며 또
여한 없을 질주를 하고 있었다.

시시비비의 교차

도착 몇 초 앞질러 5시 50분 차가
몇 사람의 졸음을 싣고 내뺀다
잠시 웅성거림이 콩나물 자라듯
빽빽할 사이 6시 10분 차가 왔다
흰머리에 늙수그레한 육칠십 대 승객들
우르르 발자국을 밟으며 버스에 우겨져 탄다

어떤 날 늦장으로 6시 30분 차를 탔다
그 이십 분 사이 승객들 이어폰을 꽂은 채
사오십 대로 나이가 젊어졌다
휴대전화를 들여다보는 자라목일망정
6시 10분 차의 구시렁거림이 없어
통근길이 쌈박하다

6시 50분 차는 승객이 더 젊다
길에는 차가 많아져 시간은 더 걸리지만
7시가 넘으면 젊다 못해 어려져
7시 10분 차는 학생들로 만원이다
찻길도 붐벼 체증에 거북이 따로 없다
새벽에서 아침으로 밝아 갈수록
승객은 늘어나고, 어려지고
길에도 차가 점점 더 늘어난다

나이 많은 승객들 급하게 출근하고 나면

시간이 갈수록 승객들 점점 젊어지는데
체중으로 차는 점점 거북이가 된다
나이의 하향곡선과 정체의 상향곡선
젊어질수록 시간은 더 길어진다
나이와 속도는 비례한다더니
이런 걸, 말하는가 보다

고리 자칫 족쇄

뭉클한 언약보다 커플 실반지
너무 가늘어 쉽게 끊어졌었나 보다

삼 년여 옥신각신 끝에 결혼 그때는
순금 닷 돈, 굵게 끼워주었다
그래서였을까 티격태격하여도 끄떡없었다

밭일에 얼굴 그을려도
가사에 손이 다소 거칠어져도
배곯아 허리가 휘어져도
가난으로 체납자가 되어서도
학비 탓에 아이가 속을 썩여도
남편이 실직하여도
자신이 파출부 일을 하여도
벗어던지지 못하는 것은

반지 고리의 위력이리라 여겼었는데
실은 가족의 인연이란 고리 탓에
얼기설기 끈끈한 것이었다

고로 가족의 고리는 족쇄이기 전에
아내를 거룩하게 한다.

빗소리 깊고 깊은 밤

밤은 장대비로 깊었다
까마득히 내리쏟는 비의 끝, 깊고도 깊다
언제부턴가 따라나선 그 비의 끝

언제쯤 멈출 것인가?
바닥을 모르는 수직 깊은 밤
한없이 빨려든다
그 수직, 끝이 없어 깊고도 깊다

멈추려 해도 잡을 곳이 없어
급히 만들어보지만, 생각이어서 모래 같다
순간 멈칫, 생각 중에 두둥실
폭우에 젖은 듯 흠뻑 꿈을 벗는 잠

밖은 아직도 빗줄기로
수직의 밤인데

마음의 거울

거울 속 나는 투명하다
그 속을 들여다보면 투명한
마음이 보인다

마음을 들여다보려면 반드시
투명한 마음이어야 한다

마음이 맺히는 곳은 가장 아늑한 거울 속
그곳의 나는 알록달록 치장도 하지 않고
건들건들 자랑도 하지 않는다

거울 속 투명한 나는
투명할 때 가장 아름답다

티끌 하나만 시선을 가려도 굴절이 생겨
모든 것이 거짓이 되는 거울 속
그 속에서 마음은 투명하다

투명해서 존재조차 알아볼 수가 없다
뒷면을 꾸미기 전까지는

그 골목에 노을이 내리면

노을빛 물든 병상에서
손 꼭 잡고 노을빛 되어 가신
못내 그리운 엄마

그 포근하고 한없던 사랑
좋은 집에 고운 원장 엄마를 보면
더욱 엄마 그립습니다

노을빛 깃든 골목의 아이들
제 엄마 따라 제각기 사라지면
엄마 품이 더욱 그립습니다

그러면 땅바닥에 엄마 그려놓고
그리운 그 품에 푹 파묻혀
다시는 이별 없는 꿈나라로 갑니다

어둑한 땅거미도 엄마가 되어
가녀린 어깨 토닥토닥 감싸안으며
엄마의 나라로 데려갑니다

* 10 살 때 만난
  사랑의 집 친구 떠올리며

과일을 깎은 무딘 칼

나이 칠십에 1급 소방 관리사 자격증 획득 소식
나는 안다 굳어가는 나이에 그건
검. 판사의 고시 합격과 진배없다는 것을
그러나 누구 하나 축하주 한잔하자는 이 없었다
나도 그 나이에 그걸 어디에다 쓰려고 했다
그러면서도 대단하다고 여겨졌다
하여, 대추밭에 잡초 방지 부직포를 깔면서도
술 한잔 살게 보자고 전화했다.

마침, 쉬는 날이니 점심 하러 오겠단다
저녁 살 테니 오후 5시는 어떠냐니 좋단다
아직 까마득히 남은 일을 보며
오후 4시에는 일을 접어야지, 서둘렀다
전철로 2시간이나 떨어진 곳에 사는 그는
약속 시간을 지키려 좀 일찍 떠나
오후 4시에 약속한 검암역에 도착했다
그의 도착에 급히 일을 접고 검암역으로 갔다

그리고 아라운하 횟집에서 저녁을 했다
그는 축하에 고맙다며 자신이 저녁을 샀다
고집스러운 그를 보며 저래서 칠순에도 칠전팔기
목표를 이룰 수 있었구나 싶었다
나는 요즘 인터넷에 떠도는

실패를 이겨냈기에 성공할 수 있었다며
"성공도 실패도 모두 의미가 있다."는
어느 초등학생의 명답을 떠올렸다

술이 거나해서 돌아가는 칠전팔기
무딘 칼 그가 마냥 날 서 보여 덩달아
나도 젊어져 유쾌하고 흐뭇하다.

입추

이발을 몇 번 건너뛴
더벅머리 들녘 같을 때다.

몇 곳은 따가운 땡볕에 대만 멀쑥
원형탈모에 걸린 듯 엉성히 땅심을 보이고
뒷머리 제비추리인 양 까슬까슬한 개울가
꾀죄죄 목선 따라 땟국물이 흘러
묘 벌초하듯 이발할 때다

폭염에 삶아지거나 탈색한 곳들
깎아내고 색깔 물 들릴 때다

무더위에도 절기는 달려와 때를 바꾸려
새 계절로 치닫는 한 낮
축제 준비로 출렁일 황금 들녘을 위해
울긋불긋 치장할 산천을 위해
변화의 조짐이 예사롭지 않을 때다

하늘 드높이 들어 올려 살펴보면
바둑판 무논엔 어느새 채색 준비가 끝나고
볼품없던 산천도 준비가 한창이어서
보는 이도 벌써 가을 준비로
마음이 뿌듯해 온다

여름내 흘린 땀의 가치, 그 찬란한 결실
꽃 피울 각오, 다부질 때다.

빈 손의 의미

소라의 꿈을 꾸던 옛적에는
사나운 파도소리도 자장가만 같았다
하지만, 유성 쫓는
만용의 해적 같아져서는 그 파도
뱃머리 부술까 두렵다

돌이켜 그때는 세상이
온통 아름다웠지만
어른이 되어서는 아주 작은
돌부리에라도 넘어질까 두렵기만 하다
마치 속 빈 강정 같이 부실하여

쓸데없이 너무 많은 걸 아는 까닭이다
가끔 견디다 못해 포기하게 되면
그때는 차츰 세상이 아름답게 느껴져
아이보다 더 작아지는 것 같아
모든 걸 내려놓는다

그러기에 늙어 천수를 다한 사자는
그리 얼굴이 평온한 것일지도

국수를 먹다

생이 한 그릇의 국수다
소박한 듯 그릇 속 멋들어진 잔치국수다

먹어 치우기 위해
누가 먼저랄 것도 없이 후루룩
폭풍 흡입 그것만이 생의 참맛인 양
그러나 맛을 잃으면 팅팅 불어
힘없이 널브러진다.

생이 달콤할 땐 잔치국수 같아
뜨거운데 시원하다 한다
허겁지겁 그 뒤 잔재미는
개나 비둘기가 먹이로 챙기며 본다

생은 그렇듯 국수 먹듯
소나기로 왔다 간다
아니면 좌절로 한없이 불어 터져
아무짝에도 쓸모없이 사라진다

어느 날 황금빛 휘장이
당신의 잠 집에 펄럭이면 그때는
바싹 마른 흙을 보며 부슬부슬
천천히나 내릴 걸 한다

생이 잔치국수 같아 아무리 맛있어도
천천히 소나기로는 않기를

빗소리에 살아오는 그리움

양철 지붕 위 빗소리는 모두 파묻었다
빗발 가르며 달려가는 자동차 소음도
수직으로 죽어가는 빗방울들
최후였을 비명도
귀 기울여 듣는 TV 속보도
종일 소란하던 세상의 잡음 모두
빗소리에 파묻혀 사라졌다

하지만, 아련한 그때의 그리움들은
비에 씻기어 더욱 선명해져 온다
저 무지막지한 폭우 헤집는 건
적셔도 젖지 않는 그리움뿐
불투명하여 길도 강도 분별치 못할
빗속을 헤집고 먼 그리움의
나날로 데려 간다

억수 빗발에도 깨지지 않고
촉촉한 채, 빗줄기의 통곡 속에서도
고요히 잠을 청하도록
멀리 아주 멀리

더 많이 사랑해야지

사랑으로 입은 상처의 치료 약은
더 큰 사랑뿐이다

사랑의 상처는
바람에 누워버린 갈대숲이다
달무리에 드리운 먹구름이다
기쁨보다 시리고 아픈 흔적이다

너의 마음 구석구석 뼈 마디마디
상처의 흔적이 남아
습지처럼 흔적들 어둠침침
문드러지는 거다

하지만 견뎌내야지
우기가 끝나고 햇볕이 들면
축축한 그 습기도 차차 사라지고
숲 더욱 울창해질 것이기에

눈 부신 햇살에 상처도 사라지겠지
작은 가슴 가득 사랑으로 안겨 오겠지
상처가 있었기에 더욱 튼튼하고
아름다워질 것이기에

사랑의 상처는 더 큰 사랑으로
치유가 되기에

위대한 약속

해가 뜬다. 해무가 낀 그 위로
수평선의 시각보다 5분이나 지나
일출을 막는 해무 아랑곳없이
한껏 하루의 여정을 열며

구름이 가리면 가린 채로
약속을 지키려 해는
아무런 저항도 없이 오늘을 수행하리
숱한 방해물 위에서도 한 점 미동 없이

마치 태곳적 약속을 지키려는 듯
홍수가 지면 해를 찾고
무더우면 구름을 찾는 사람들의
바람과 전혀 무관한 듯

구름에 가렸다가 비에 가렸다 하면서
무더위에도 묵묵히, 그러나 그의 속내는
구름이나 비나 사람이나 모두
주어진 만큼만 누리기를 바라는 것일지도

나는 그의 일출을 찍으며 읽는다
남대천 연어의 회귀를 이끄는 변함없는
그의 굳은 의지를, 세상 무엇에도
변치 않는 약속을, 눈부심을

해의 위대한 약속을

버려진 의자

이삿짐 끌어낸 빈집에 나뒹군다
멀쩡한 듯 다리 한쪽이 부서져 버려진 듯
늘 한쪽으로 쏠리듯 앉은
제 주인의 자세 때문이었으리

겉보기 멀쩡한 듯 얼마나 견디기 어려웠으면
나도 어느 날 저 의자처럼
가족 중에서 무너질 수도 있겠구나
어쩌면 괴팍한 성격 후회하며 홀로
무너져 버려질 수도
후회로 둘둘 말려 폐품처럼 시설에
맡겨질 수도

까다로운 성격 다 내려놓고서 부드러워져야지
가족들 속에서 늘 바른 자세로
반듯하게 앉아 있어야지
후줄근한 몸속에 굽은 척추 바르게 해야지
묵어도 폐물 되지 않도록

슬며시 이삿짐에 붙어 서며

나이가 나를 밀어낼 때

누구는 90세에도 대학 졸업을 하고
누군 85세에도 신춘 문예에 당선했다던데
나는 70세이지만 다 접으려 하네
졸업이니 신춘 문예 당선이니 다 욕심 같네
기능 확인서 같은 그 것들
이 나이에 다 무슨 소용이라고
겉보기에 아무리 건강하면 뭐 하겠나
수컷 돌쩌귀 구실도 못 하면서
마음만 구만리면 무엇에 쓰겠나
아직도 이팔청춘만 같은 들
누가 볼까 쑥스럽고 두려울 뿐인 걸
주책바가지 쭈그렁 방탱이는 되지 말아야지
나이가 날 밀어낼 때 조용히
젊은 유력자들 앞길 환히 열어주고
물러나 주는 것도 역전 노장의
미덕 아니겠는 가

나이가 젊어져야 정신도 젊어지는 법
그것이 바로 구성의 쇄신 아니겠는 가

깊은 밤, 가을밤에

밤이 깊어야 가을이지
오랜만에 밤 따라 잠도 깊다
그러면 열대야에 멀어졌던
사냥한 꿈의 요정들이 돌아온다

자글자글 땡볕이 쏟아져 감자꽃이 시들고
노을 속 봉숭아 꽃이 장독대를
붉게 물들이며 제 깍지
터트리는 소리에 귀동냥 쫑긋할 때
금빛 수염 검붉게 타들어 가던
옥수숫대 끝 무덥던 여름 밀어내며
배회하는 가을의 전령사 잠자리들
땅콩밭이랑 너머 멀리 노을의 긴 그림자에
서쪽으로 깊어지던 초연한 해바라기

그러고 보면 한여름 더위
무작정 무덥기만 했던 건 아니었다
뜨거운 햇볕 덕에 풍성한
가을 들녘이 만들어진 것이고
사색의 끈을 내려 밤마다 더 멀리
끌고 갈, 별들 촘촘히 심었던 거였다

오늘 밤 요정들을 만나면 심술궂은 그 긴
여름의 아이러니한 진실을 알려주련다

세상의 모든 탈피

인생이란 벗는 것의 연속이다
벗어야 새로워질 수 있기에
끊임없이 겹겹의 껍질을 벗으며
온전해 지려 안간힘이다
그러므로 벗는 게 힘겨울 때
좌절로 주저앉는 이도 있기 마련이다

바닷가재는 어려서 5년간은
성장하기 위해 무려 25번의 탈피를 겪는다
그리고 성채가 된 후에도 1년에 한 번씩
그 딱딱한 껍질을 벗는다
만약에 껍질이 형성될 때 상처가 나면
물의 압력으로 죽고 만다

이처럼 사람도 수없이
보이지 않는 탈피를 하며 살지만
탈피에 실패한 낙오자라 할지라도
병사하거나 자살은 할지언정
결코 낙오자라고 모두
죽는 건 아니다

비탈 동네 폐지를 모으는 할머니에서
거드름을 치렁치렁 달고 사는

저택의 부자에 이르기까지
사람은 모두 껍질을 벗으며 산다
오늘 밤도 묵묵히 고뇌의 껍질을 벗기 위해
납작한 손수레에 높다랗게 비탈을 싣고
가파른 비탈을 오르내리는 인생들

그것이 다 탈피의 연속인 까닭이다

바람의 정체

바람은 부는 것이 아니라
일어나는 것이다

언제나 그곳에 있지만 그는
건드리지 않으면 고요할 뿐이다
그러다 타의인 기류의 심술에
가만있지 않는다. 그걸 우린
바람이 인다고 한다

잠에서 깨어난 바람은
작게는 잠시 잠깐 제 이웃에 거하나
수만 리 낯선 곳까지 한달음에 달려가
전쟁터 군졸처럼 또는
악마의 화신처럼 포악스러워져
폭풍이란 이름을 달고 그곳을
점유하거나 쑥대밭으로 만들고 만다

소중한 것들이 흉측하게 찢기고 시달린다
우린 그런 줄도 모르고 바람을 사랑하여
벌판을 쓸어가는 걸 좋아한다.
그는 환상과 환멸을 동시에 지닌
환각의 화신이다

죄지은 일 없어도 벌을 가하는 그는
해를 끼치지만, 유익한 면도 있어
없어서는 안 되는 필요악이다.

채송화 꽃씨만 할지라도

딩동! 모바일 청첩 음에 휴대폰을 연다
지인이 별세했다는 부고다
아무런 족적도 없는 허비의 한 생애였단다

하지만, 어떤 시인의 시처럼 고인의 허비도
달맞이꽃이 벙글어 활짝 피기 위한 20분처럼
종족을 남기려 하루를 살아낸 하루살이의
최선을 다함처럼 의미 깊은 한 생애였다
문상을 마치고 돌아오면서
발길을 붙잡는 달그림자를 돌아본다.
한 시도 떨어져 본 일 없었을 내 생애의 발자취
숱한 우여곡절을 묵묵히 견뎌왔다
숱한 좌절 속에서도 끈덕지게 참아냈다
햇볕과 불빛에 그림자를 남겨놓으면 어느새
고난처럼 어둠이 찾아와 지웠다
축축이 피는 잔 버섯이나 곰팡이 같은
쓸데없는 얼룩들만 족적을 덮었다

누구도 자신의 족적에 만족하지 않는다
하지만, 최선을 다했을 것이다
다만 무의미하게 한 생애를 허비한 듯 보일 뿐
걸음걸음마다 채송화 씨앗 같은
작은 꽃씨라도 뿌려 한 생애
꽃길이길 애썼을 것이다

4부

다정한 그대에게

시월은 시리다

시월은 물빛도 하늘빛도
나뭇잎 흔들고 가는 바람처럼 시리네
내 어머니 떠나가신 그날도
바다가 그러했고 하늘이 그러해서
눈물을 멈출 수 없었네

저 들에 핀 풀꽃들도
저 계절을 물고 날아오르는 철새들도
내 시린 마음 아는 듯 그 빛 시리네
어쩌다 솜털 구름도 공명한 하늘
두려운 듯 줄행랑이네

들녘은 황금 이삭 출렁거리고
푸르던 숲도 단풍 곱게 물들어 오건만
자 잘 들어봐 저들의 노랫소리
쓸쓸하지? 못해 차갑지?
그래서 가을은 풍성해도 시린가 보네

우체국에 가도 모두 나를 떠나고
유체통을 봐도 돌아오는 건 모두
풍성한 소식보다는 빚 갚으러
주머니를 떠나야 한다는 소식들뿐
우체통에 손 넣으면 마음만 호되게 시리네

새들의 산실

모든 새는 아파트에 산다
산실인 단칸방에서 태어나 성장한 다음엔
다시는 그 산실로 돌아가지 않는다

어미가 되어 짝을 이루어 번식을 위해
새로운 산실을 지을 뿐, 어미 새는
새끼가 성숙하면 새끼들을 이끌고 함께
한 바위나 한 나무로 옮겨가
절벽 틈이나 나뭇가지에 제 쉴 곳을 마련한다

우리가 아는 새집은 새들의 산실일 뿐
크거나 작거나 세상의 모든 새는
산실에 머물지 않고 아파트로 이주한다
이 단칸방, 새들의 산실은 새가 세상에
생겨난 이후 한 번도 진화함이 없다

세상의 모든 새는 이와 같이
산실에서 태어나 진화를 거부한 채
새로운 환경으로 이주하여 집단을 이루며 산다
세상의 모든 새의 산실은 단칸방이어서
뜻밖에 평등을 새들의 산실에서 본다

새의 종이 달라도 산실의 평등을

거부하는 종은 없다
간혹 단독 생활을 원하여 집단의 거처를
떠나는 새들은 있지만 단칸방 산실을
거부하는 새는 아직은 없다.

그 애는 세 살이에요

아이들이 다녀가면 여운만 홀로 빈터다

내 방에 쫓아와 컴퓨터도 망가트리고
제 고집대로 방을 휘젓고 논다
딸이 40에 낳은 외동딸
내 나이 40에는 사느라 딸을 어떻게 키웠는지
제대로 챙겨준 기억이 없다.
엄마가 알아서 잘 키우겠지
그렇게 아이는 저절로 크는 줄만 알았었다
어쩌다 아이에게 병고가 생기면
아이는 내가 다 키운 양
유난을 떨며 아내를 꾸짖었다.

아이가 주사를 맞고 병원을 나서면
그때야 모든 게 내 불찰임을 안다
그래도 아이는 금방 밝아져
해님처럼 웃는다 아마도
아빠랑 엄마랑 저랑, 함께인 걸 아는 양
사실 아이는 아이기에 모두 이쁘다
잘 웃고 잘 삐지고 잘 울고
아무렇게나 뛰놀고 위험하리만큼
조마조마한 천방지축이다

하지만, 그런 아이를 보고 있노라면
나도 모르게 먼 옛적의 에덴에 와있어
아이와 친구가 되곤 한다
모든 게 틀려도 잘 맞추기만 바랄 뿐
내가 알아낸 걸 내색하지 않는다
틀려도 무조건 맞고 깜찍하다
어쩌다 옳게 알아내면 어찌나 신기한지
그 작은 머리에서 어떻게 그걸 한다

제 집에 가지 않았으면
제 어미보다 나를 더 좋아했으면
아이는 언제나 나를 행복하게 한다.

생존에 대한 단상

파도가 와서 부서지는 걸
파도는 운명이라고 여겼을까
더 많은 걸 말하려고
더 멀리 가고 싶어서 부서져 간 건 아닐까?
아니면 직면하였기에 하는 수 없이
하얀 물거품만 남긴 채 죽어 간 건 아닐까?

우리는 누가 명하지 않아도
돈을 벌기 위해 뼈가 부서지라고 일을 한다
아니 죽어가면서도 위험을 무릅쓰고
돈벌이에 내몰린다
그러면 그 고생의 끝은 언제쯤일까?
그걸 아는 사람 있을까?
아니 그건 모두가 다 안다
일하기 싫다고 이만하면 충분하다고
일을 멈추는 순간이 그 끝이고
그때인 것이다

어떤 부자는 주체할 수 없을 만큼 돈을 벌고도
그때를 몰라 돈에 파묻혀 죽었다
어떤 이는 겨우 생계만 이으며
평생 벌어 쌓아둔 재산을 불우한 이웃을 위해
사회에 환원하기도 한다

또 어떤 이는 개처럼 벌어서 제 한 몸 편하게 지내자고
훌쩍 도시를 떠나 산속에 기거하며
자연인이니 자유인이니 무책임한
변명만 늘어놓는다

하지만 많은 사람은 애초에
넘쳐나도록 벌지도 못하지만 그렇다고
생계를 못 이룰 정도로 못 벌지도 않는다
이는 제 앞가림이나 잘하라는
사회적 통념에 충실하기 때문인데
과연 우린 어떤 삶을 살아야 하기에
이처럼 삶이 치열한 것일까?

사람은 누구나 회항하지

곱던 절경 굽이굽이 굴곡져
되돌아오는 그 길 나의 생애인 듯

어린 시절 의지니, 신조니 하나 없이
내 어버이는 날 귀히만 여겨
세상 어려움 없이 키웠기에 지연, 학연 다
젊은 내 곳간 가득 넘실거려
늘 내 발길에 촉촉할 줄만 알았는데
중년이 되면서 밝던 달빛 차츰 저물어
칙칙한 커튼 넘어 넘치던 도랑도
바닥이 드러나 나의 도량 얕음을 알았지

별도 빛을 잃어가는 차가운 새벽
층층이 고비마다 흔적 굽이져 돌아내려
거울에 지난 허물이 비춰면, 남몰래
아무렇지도 않은 듯 가려 번지르르해도
마음에 흐르던 평정의 물결 와글와글
자갈밭 달래는 소리같이 요란했지

빚진 것도 없는데 빚쟁이 몰려오는 소리
희로애락 뒤엉겨 담긴 그릇일진대
고요한 새벽이슬로 씻어보면
그나마도 남아있는 기름 다 버려야

겨우 불시착할 수 있는 회항
마치 망자가 관에 들어가는 것 같아
만 가지 후회만 휘장처럼
허망한 생애 지우려 휘날리지

그러면 할 말이 있으되 흙 속에 혀가 갇혀
말할 수 없어 억울하겠지
그래서 누구도 눈치채지 못하게 은밀히
그 허망 씻어 보려 애써보지만
그건 다 한 때에 부서져 가던
꽃구름일 뿐이지

그대, 시골 정미소만 같기를

내가 할 소리는 아니네만
자랑스러운 판사 아우
높고 어려운 자리라고 두려워 말게
아직 저 소용돌이가 잘 보이지 않겠지만 곧
모래밭 같은 저 아우성들 훤히 보일 걸세
그때는 울창한 거목같이 하지 말고
벌판에 나약한 갈대의 마음으로 그들을
실낱같이 바라보게나

세월 빠르기가 유수일세,
금방 그 자리를 내려올 나이가 될 걸세
그때는 그 자리에서 보았던 그들처럼 작아지게
한 번도 낮은 사람 돼본 적 없는
고목 같은 그런 근엄한 허리일망정
아주 조금은 낭창거리는 갈대와 같기를
자네와 내가 어릴 때 놀이터 삼았던
마을의 오래된 정미소, 그처럼
푸근해졌으면 좋겠네

법정의 많은 일들을 판결해야 하겠지만
진즉 자신은, 벼 정미 후 수북이 쌓인
왕겨 몇 줌처럼 가벼이 묵묵하기를
그러고도 한 번도 겸손함을 후회한 적 없는

시냇물 소리와 참새 소리가 어우러지던
녹슨 양철지붕의 시골
정미소만 같기를

그렇게 익은 듯 설익은 듯 조용히
보통의 서민처럼 말일세

산국 널 다시 보면

옛사람의 집터 같은 병풍 골짜기
양지바른 숲에 피던 산국
강을 건네달라 조르던 계집아이만 같아
앙증스럽고 고운 듯 왜 그리
측은하게만 여겨지던지

어머니가 꽃을 따다 오밀조밀
바소쿠리에 말리면 그 아이 냄새가 나
나를 감싸며 안겨 와 한 줌 쥐어다
코 맞춤하던 기억 하늬바람인데
강물 같아 지난 시절로는 다시 못 가네
또 산국 피는 구월쯤이면
문득 마른 산국 띄운 찻잔 속에서
앙증맞게 살아나는 그 아이

너도 이젠 그 강 혼자도 건너겠구나
아니 네 아이들도 또 그 산국 같겠구나
찻잔을 넘쳐 나와 또 나를 감싸는
너에 풀 냄새 같은 향기 또 나를
그 옛사람의 집터 같은
병풍 골짜기에 들게 하는구나!

저녁은 아련한 산국 향처럼 은은히 번져

나 또한 황혼에 젖는구나!
손사래 쳐 느껴보면
화들짝 휘어져 오는 산국 그 향기
어깨에 푸근하여 노을빛 더 선명하구나

차차 붉다가 검붉어져 어두워지는
산국 같은 너의 기억

꽃단풍을 꿈꾸며

그곳, 햇볕마저도 붉은 단풍의 계절에는
등산복 차림의 형형색색 사람들이
산 노을 검어질 때까지 계곡을
물들이곤 했었다
누가 먼저랄 것도 없이 약속이나 한 듯
몰려든 그 숱한 사람들 몇몇 식당과 숙소로
어찌 다 먹이고 잠재웠는지
도저히 셈이 되지 않는다

다만 행락의 본능이 단풍 절정에 빠졌을 뿐
먹고 보는 것도 잠자는 것도
상인과 객들 사이 경험의 수치가 쌓여
마음 놓고 즐기는 것이랴
산 너머 숲속엔 경관 좋은 산장 몇 있다던데
거리가 얼마가 되든 무슨 상관이리오
죽지 않을 만큼만 즐겁고 아늑하면
하룻밤 숙소로는 그만이지

생각만으로도 마음이 들뜬다
단풍의 진수에 길들어
걷잡을 수 없이 빠져들 이 마음
벌써 그곳에 가 있다.
어느새 단풍 사이 붉게 단풍이 되는 나

그 숲엔 분명 내 마음 사로잡는
그 계절을 채밀하던 그 무언가 있을 터
그로 인해 생각 붉게 들뜬다

산 단풍 모두 어둠으로 가도
산 아래 불 단풍 속에서 우린 더욱 붉다.

연휴 전날 새벽 출근길

컴컴한 새벽 하루를 연다
추석 녘 요즘은 동트기도 전 버스를 탄다
정류장엔 6시 10분 차를 타려고
늘 보는 여인들이 수다 중 나의 인사를 받는다
가장 나이가 많은 칠십오 세의 여인이
옆자리에 앉아 추석 안부를 건넨다.
토요일부터 빨간날까지 추석 연휴란다
나도 얼떨결에 같다고 했다

사실 나는 목요일까지 휴무에
금요일 대치 근무로 그다음 일요일까지다
옆자리 여인이 먼저 내리며
추석 연휴 잘 쇠라고 인사를 한다
중간중간 다들 내리고 몇몇만 남아
버스 안은 텅 빈 듯 고요했다
종점이 행선지라 홀로 남은 나는
쓸쓸한 버스완 외로움 중 하나였다

옛말에 팥 없이는 살아도
콩 없이는 못 산다고 했다 그 건
저 새벽 일꾼들을 일컫는 말일 거다
기술자는 웃돈 주면 또 데려올 수는 있어도
저 청소부나 잡역부는 돈 주고도 구할 수 없으니

콩알 같은 저들 매주 삼아 간장 된장 담아
전국 각지에서 쓸 상품 생산하니
국민 모두 추석엔 저들과 함께인 셈

저들 추석을 쇠는 동안 빈 차로 기다리며
배회할 버스, 그도 추석엔 좀 쉬었으면

무엇으로 당신을 채울 건가요 ?

나이가 당신을 늙히는 것이 아니라
생각이 당신을 늙힙니다.
사람들이 응원합니다
주먹들을 불끈 쥔 게 보이나요

더 힘을 내세요
더 큰 젊음을 생각하세요
당신은 할 수 있습니다
아직 당신보다 당신은 젊습니다

저 장애물들은 당신이
커오며 만들어 놓은 그림자입니다
지우려 하지 말고 멀리
천천히 돌아서 오세요

아무리 보이지 않는 불안이
당신의 목을 조른다 해도
당신은 결코 그 불안 탓에
죽지는 않을 겁니다

당신은 무엇으로 당신의 두 손을
가득 채울 작정인가요
그건 부도 명예도 권력도 아닙니다

그 건 성취감입니다

그 성취감을 추구하는 한
당신은 아직 젊습니다.

가을비 참 깊습니다

느낌이 그런가요?
차분해서 내리는 줄 몰랐는데
어깨에 깊이 스며 속옷까지 젖어 오네요
추적거리는 이 가을비 축축함이
점점 깊어져 살속을 파고드네요
그래설까요? 마음도 조금 축축해 졌네요
해가 언제 졌는지 그늘 같던 어둠살이
점점 짙어져 거리에 불을 밝히기 시작하네요
공기가 차게 느껴져 외투를 여미고 카라를 세웠네요
그새 비의 축축함이 더 깊어졌나 봐요
어깨가 차갑고 무릎이 시리네요
이 가을비 어느새 뼛속까지 깊어졌나 보네요.
불빛이 깊어 보이는 카페로 가서
따뜻한 커피라도 한잔해야겠어요.
그러면 마음속까지 가을비의 사색이 깊이 스밀 것 같아요
그곳에서 깊어진 마음속에는
나를 품어주던 어린 시절의 작은 시골 마을도 있고
고즈넉이 내려앉는 굴뚝의 저녁연기도 마을 구석구석 깊어져요
벌레소리도 깊어지고 너와집을 가둔 숲도 깊어지고
토담집 아궁이에 장작불도 점점 깊어져요
어머니 책 읽는 읊조림도, 아버지 화로에 밤 굽는
이런 밤도 점점 깊어지고요

가을비가 그쳤나 보네요 몸이 따뜻해졌어요
밖에는 어둠이 깊어져서 가을비의 얼굴이 보이지 않네요.
이제 집으로 돌아가서 이불 속에 깊이 파묻쳐야 겠어요
카페을 나서니 코끝을 스치며 지나간 밤공기가 차네요
어느새 뼛속에 깊어진 가을비 냄새가 어둠 깊이
내 마음 안아 가네요. 어떻게 이 우물 속같이 깊은
그보다 더 깊은 절벽 끝 풍경같이 깊은
가을비 냄새에서 헤어 나올 수 있을까요?
가을밤은 사색을 덮고 점점 더 깊어만 가는데요.

돌탑

집념이다. 간절함이다
정성 들이 맞물려 성채가 되는 동안
지탱하였을 탑의 잇짬마다
검고 미세한 인연들이 엉켜 끈적하다

날이 저물면 노고 식히려 이슬이 내린다
그러면 그 검던 끈적한 엉킴의 수고에
녹색 이끼를 입히고 경고해져라
바람이 와서 돌 틈을 매운다

어느 날은 노을이 오래 머물며
돌을 모아와 쌓고 또 쌓던
그의 심혈에 감동하여
돌꽃을 피운다

그런 저녁이면 감물 감돌아
드넓은 벌판 점차 감물 검붉어져
돌탑의 이끼 꽃 제풀에
깊은 잠에 빠진다

지난 세월의 얼룩 지우며
날 저물어 번뇌로 어우러지는 기도
차분히 내려앉는 평온한 어둠

이윽고 참회로 이끌어 간다

이런 밤이면 삶과 죽음과
애도와 그리움의 간절함, 피 터져
흥해지고 거칠어진 손에 굳은살처럼
차분하게 위안으로 옹이진다

인연들을 만나는 이런 밤 돌탑에는
기쁨과 그리움 더욱 갈마든다

사람이 있습니다

허물어 내린 성벽 복원하려는
불안한 성벽이 아닌 완벽함을 위한
그의 한 생이 저렇듯 숱한
조각들을 긁어모아 돌탑을 쌓는

조각들을 맞물려 원을 지워 쌓는
그 속까지도 빈틈없이 조각들로 채워쌓는
처음엔 잘못을 뉘우치며 쌓았지만
차츰 타인의 잘못도 용서하며 쌓는

너절하고 무질서한듯해도
오래도록 무너지지 않도록 원뿔로 쌓는
큰 일상을 쌓고 틈은 작은 일상으로
설계도 계획도 없이 한 생애처럼

성벽 무너뜨린 이는 따로 있어도
더는 무너뜨릴 수 없어 더욱 경고하게
무너뜨린 이는 하나의 바람이었지만
재건하는 석수는 숱한

세종시에서 하룻밤을 묶으며
갈무리해 보지만 석탑
완벽하게 쌓기까지는 석수가 될
사람이 많이 있어야 합니다.

소름

오늘도 나는 소설 소름에 임한다

한 생이 소름의 연속인 것 같다
왜 나를 그 소설에 주인공으로 삼았을까?

세상에 태어나는 순간부터
어머니 해산의 끔찍한 사투
어머니 체온과는 전혀 이질적인 세상의 체감
두 몸으로 분리되는 신생아의 격한 슬픔
새 생명을 얻은 어머니의 극적인 기쁨
그리고 첫 자가 붙는 체험들
그중에서도 성취에서 오는 쾌감들
그 쾌감 중에서도 가장 오싹한
사랑으로 얻어지는 성취의 쾌감
또는 좌절과 절망의 모멸감에서 오는 소름들

삶 자체가 좀 더 나은
성취의 쾌감을 위해 사는 건 아닌지?
아침에 일어나자
강한 햇볕에, 기온에, 바람에 소름이 돋는다
머리맡에 읽다 만 책도 소름이 돋친 듯
나의 부스럭거림에 덩달아 잠이 깨
까칠이 빛이 핀다

오늘도 어김없이 나는
소름 연속 소설에 출연 중이다.

다정한 그대에게

우린 미음을 짚어가며 알아가던
아직 서로를 즐겁게 하던 때가 있었지
속을 들키면 함박웃음으로 어물쩍 얼버무려
서로를 감싸주려 넘어가 주던 다정한 때도 있었지

서로의 속 사정이 있고
아직 예기치 못했던 절박한 일들도 있고
때론 짜증스러워 멀리할 때도 있지
친구가 150명이 막 넘어갈 때면

로빈 던반 그가 말했지
사람의 사교 한계는 150명까지라고
그 이상이 되면 속이 다 들여다 보여
서로의 친분 정도가 실낱같아져
다정함이 언제 사라질지 모른다고 했지

그러면 우린 그때도 서로 다정하다 말할 수 있을까?
서로 친분 있게 지내려 그럴듯한 사정들로
애써 해명하려 이해타산의 가면을 씌우지 않을까?
그럴 땐 가면이 아닌 철판이라도 쓰고
너스레를 떨 술과 밤이 필요하겠지

그대는 151번째 친구였다며

* 로빈 단바; 진화심리학자, 옥스퍼드대학교 교수

한글

세계에 하나뿐인
자랑스러운 한국어
가르침이 없어도 엄마를
말하던 어린 7년
그 말을 쓰기 시작한 여덟 살
한글이 없었어도 그 말 쉽게
읽고 썼을까

하지만, 사회인이 되자
쓰고 읽기가 한글만이 아니어서
너무 힘들었다
거리엔 한자에 영어 간판에
그것들을 글자가 아닌
소리로 덮어쓰며 물품을
사서 쓰고 입고 먹어야 했는데
그것들은 모두 국산이다

아프고, 분하고, 후회스럽고, 더럽게
우리 부모들은 국어를 빼앗겨
할 수 없이 일본어를 배웠다던데
왜 우린 스스로 우리말을 버리고
한자나 영어로 써야만 하는지
한글날을 맞아 나는 마음속으로
그 간판들을 모두 내리고
우리의 글, 한글 간판을 내건다

엉겅퀴 김 사장

내가 젊은 사장 시절
자꾸 숨는 듯하던 직속 참모 김 과장은
보랏빛 엉겅퀴이었다

장미 가시처럼 직설적인 내 야성을
자주 잃어버리고, 홀로 피고 싶어 하던 그는
그늘 짙은 보랏빛이었고
늘 기름 장갑에 먼지로 희끗한 머리에
무언가 숨긴 듯한 잔가시만 까칠한
보랏빛 엉겅퀴이었다

60이 지나 정년의 나이가 되었을 때
엉겅퀴 김 과장을 부장으로 승진 시켰지만
입속 가득한 가시 같아 뱉고만 싶었다.
하지만, 그의 짙은 보랏빛 집념은
농담처럼 공장을 떼어주마 했을 때 그는
여지없는 야심의 엉겅퀴이었다

반신반의하며 보랏빛 가시로
지긋이 손도장을 박아왔다
그렇게 공장을 떼어준 나는 차츰
보랏빛으로 물들어 가는 공장에서
보랏빛 엉겅퀴, 짙은 잔가시의

진면모를 보았다

그의 숨겨졌던 야성은 장미 가시보다
열 배 백 배 강성이어서
짓이겨져도 끈질기게 버텨냈다
그렇게 시련의 시기를 빠져나온 그는
입안의 잔가시를 모두 뱉어내며 각축장에
보란 듯이 꽃을 피워냈다.

* 김 사장의 투지를 축하하며

서재의 시집들

서재에 각양각색의 이름표를 달은
시집들이 가득 꽂혀있다
침침한 가슴속 보다 서제에서 더 잘
드러나 보이는 마음들
그 속에 숨겨두었던 비밀들을 낱낱이
까놓고 누구에게든 활활 타는 속
다 보여주고 싶고, 읽히고 싶어서
누군가의 마음속에서 고운 노래로 불리고 싶어서
참으로 다채로운 시집들이 꽂혀있다
한 권의 책으로 수십 가지의 심정을 표현하고 있어서
이 세상 그 어떤 고백보다 더 진실 된
벌거벗고 있으면서도 남의 시선을 전혀
인식하지 못한 채, 아니 못하는 척 꽂혀있다
오로지 누군가의 마음에 들고 싶어서
누군가에게 커다란 기쁨이 되어 주고 싶어서
하얀 백사장 위에 희망으로 가는 붉은 카펫이고
지침이 되어 주고 싶어서
한 번도 누군가의 가슴에 박혀본 적 없어도
누군가가 읽어 주기만 기다리며
그 누군가의 마음속에서 한 줄기
희망의 노래가 되고 싶어서
험난하고 메마른 이 세상에 오로지
희망의 빛이고 싶어서

오래도록 꿈이 되어주고 싶어서
썰렁한 서제에 기약 없이 꽂힌 채 누군가의
손길을 기다리고 있다

시간은 고무줄이다

지구의 하루는 누구에게나 주어짐이 같다
그러나 느낌으로는 다르다
가치로는 더더욱 다르다
연인들의 약속 시간은 한 시간도
하루같이 길고 느리다
하지만 빚에 쫓기는 사람은
한 시간이 단 몇 분처럼 빠르다

언젠가 제부도로 나들이 갔을 때
물길 열리길 기다림은 그 몇 분이
몇 시간처럼 길고 더디더니
조개를 잡는 시간은 왜 그리 짧던지
몇 시간이 단 몇 분 같이 빨랐다

열린 바닷길을 건너와
시화 방조제를 건널 때였다
차가 밀려 방조제를 건너는 시간은
귀가 시간이 촉박해 더 길었고
차가 밀려 서행하느라
한 시간이 서너 시간처럼 길었다

고무줄 같은 나의 시간은 이처럼 언제나
마음속 번민의 집에 들어앉아
그네를 타기 일쑤여서
종잡을 수 없다

맥문동(麥門冬)

한여름 무더운 그늘 속에서도 기세등등한
천민 비자가 15세에 시녀 방자 되어
달 밝은 밤 처지를 탄하며
대궐 안 나무 밑에 뿌린 씨앗에서 싹이 나
제 설움 달랫을 한 포기 맥문동

어린 싹은 무더위에도 기세 청청
비자 처지의 보리 잎이요
자줏빛 탐스러운 꽃잎은
성년이 되어도 나인이 되지 못하는
망자인 분홍 나비 제 모습이요
녹색 열매는 차차 여인의 향기가 나도
내색조차 할 수 없는 무수리가 될 자신이라
흑진주처럼 영롱한 완숙의 열매는
어느 날 불현듯 왕의 성은을 입어
신분이 바뀌길 바라는 옹골찬
천빈 궁녀의 바람이었으리오

그 바램 오죽했으면
달 밝은 가을밤, 궁 뒷들 가득
흑진주로 영롱할까

시월이 난 자리

시월이 살던 내 마음엔
잎 다 떨군 나목 같은 쓸쓸한
빈터만 남았다

감나무가 땡감 차츰 익힐 무렵
새파랗게 철모르고 왔다가
연시만 남긴 채 시월은 떨어지는
갈잎 따라간다

노을 내리는 저녁 서둘러 돌아와
말 전하는 식구들의 온기로
난 자리 매워지면
겨우 빈터 면하는 내 마음

시월의 아쉬움이 별처럼
촘촘한 밤에

5부

아름다운 기억

아이에게 어른들은 언제나

완벽한 어른이기보다는
아이의 눈높이로 보는
키 작은 소인국의 거인이 되어
신기한 일의 실마리를 함께
풀어갔으면 하지요

푸른 숲이 낙엽이 되는 일
또 단풍이 되는 일도
더운 여름이 가면 곧 시원한 가을이 되고
또 추운 겨울이 되는 일도
바위가 부서져 바닷가 콩돌이 되는 일까지

나뭇잎 흩뿌리는 돌개바람과
유리창의 얼룩 씻어내는 빗소리 등등
밥만으로는 성장할 수 없는
상생의 생각을 자라게 하는 신선한
촉매제에 대해 알려 주고 싶지요.

아이들이 목마를 때 마실 수 있는
놀이터 급수대 생수 꼭지이고 싶고
먼지나 오염물을 털어주는
바람총이 되고 싶지만
아이 엄마들은 그걸 잘 모르지요.

가을이 깊어지는 소리

끼룩끼룩, 오래전부터 내 가을은
저들의 새벽 인사로부터 시작되었다

귀가 아직 소년이었을 때 그 소린
일사불란한 비행 이끄는 지침 같았었는데
언제부턴가 따르는 무리들 대열 흐트러질까
경계하는 호통으로 들렸다
생의 항로와 답습에 대한 저항 일지도
그건 나의 사춘기, 세대차에 대한 반항과
모험심으로 갈구되던 새로운
모색들과도 같았다

철새들의 세계에도 지구 온난화에 따른
변화가 일어나고 있는 것 같다
계도적 생태에 염증을
느끼고 있는 것도 같았다
내가 아버지를 닮아 갈 때와
아이들이 나를 아버지로 닮아가는
방편이 다른 요즘처럼
철새들의 요즘도 급변하는 까닭이다

어느새 노을이 짙어져 바다가 가까이 밀려든다
지형의 빛과 물빛의 경계가 더욱 어두워질 즘

나의 퇴근길을 재촉하듯 철새들도
일정을 접고 집으로 돌아가느라
검붉게 서쪽 하늘을 당겨 간다
그렇게 저들도 저항과 모험과 개척의
일과를 마치고, 안락한 보금자리로 간다

내일을 기약하며 어둠 더욱 짙은
고요의 꿈나라로 끼룩끼룩

단풍잎의 기억

오래전 전철에서 본 그 사람이었다
그땐 비 젖은 초록 잎이었는데
나는 나는 곱게 물들 단풍잎인 줄 이미 알았었다
너무 고와 하마터면 소리를 지를 뻔했었다
황급히 전철을 빠져나왔을 땐
많은 소음이 귓구멍을 매워와서 그 단풍
강물에 젖은 듯 촉촉한 여운 되어
몹시 아쉬웠었다

오래전 일이 마치 방금 전만 같아
말이라도 붙여볼 걸 싶었는데 그 단풍잎
중년이 되어 더욱 화려하게
사람들의 숲에서 걸어 나오고 있다
보일 듯 말 듯 거리를 온통
가을빛으로 물 드리며 한들한들
하지만 급물살에 휩쓸리듯 언덕을 넘어
사람들 사이로 휩쓸려 사라져 간다

달려가 앞을 막아설까
손을 잡을 수 없다면 말이라도 건네 볼까
아니 그 앳된 단풍이 아닐지도 몰라, 그래도
사람들 사이로 사라지는 그를 보며
몸 따로 마음 따로 갈라진 나는

사람들의 급물살에 흐트러져 흐른다

사람도 나무도 타고난 정도에 따라 이 가을
처지가 다른 것처럼 그 사람은 댓잎 같은 내겐
빛 고운 단풍잎일 뿐이다 하지만
또 그 고운 여운, 가슴에 화상으로
남느라 몹시 뜨겁다

은행나무숲을 걷다가 홀연히 붉은 단풍잎 하나
발견한 소년인 듯한 날의 기억

한계령에 수혈을

나의 가을은 언제나 여백이 없었다

한계령을 처음 만났을 때 나는 단풍 숲에 갇혔다
한동안 그들을 입고 물들어 헤어날 수가 없었다
그들 속에서는 단풍이거나 낙엽이었다
그대로 많은 날이 지나 계절이 바뀌듯
나도 앙상하게 바뀌고 싶었다
그때 바람이 내 몸에 쌓인 비경의 옷을 벗겨갔다
하늘이 나뭇잎들을 가르며 얼굴로 쏟아졌다
여전히 가을의 살갗은 형용할 수 없이 눈이 부셔 황홀했다
그 화려한 가을옷에 노을로 외투를 입혀
비경은 더욱 두꺼워졌다

곧 어두워지리란 예시에 끌려가면서도
결코 돌아오고 싶지 않은 한계령
그때 돌아가도 비경은 쉬 변하지 않을 것 같았지만
며칠 전 그곳을 넘던 아내로부터 온 전언으로는
수목이 장해 단풍이 고사하여 오래전 비경이
많이 사라졌다고 했다

그곳의 비애를 지우려면 벌목해야 한다
미모의 여인들이 헬스장에 가서 군살을 빼듯
수목의 그늘을 잘라내어 단풍들의
여백을 채워야 한다

왜냐는 물음에 나는

그가 왜냐고 물었을 때 나는
하늘이 돈짝만 하게 뵈는 깊고 깊은
우물 속이었다.

그가 이유를 알겠다고 했을 때 나는
한 두레박 퍼 올린 얕고 맑아
속이 다 잡히는 우물물이었다.

그가 벗을 왜 (벗)이라고 하느냐 물었을 때
그건 가을 하늘의 흰 구름이거나
차창을 스쳐 가는 키다리 가로수여서
이심전심인 듯 가까워지고 싶지만 금방
먼 생면이 되기 때문이라 했다

나는 낯간지러워 벗을 벗이라 못하고
꽃병의 꽃 같고 물병에 한 모든 생수 같아
텅 빈 내 가슴 따뜻하게 데워 줄
어여쁜 이라 하여 벗을
(벗)이라 한다고 했다.

이때 누가 더 가까운지 물으면 나는
서슴지 않고 누가 더 가깝다 않고
누가 더 가까울지 생각하겠다.
달이 밤의 태양과 지구 사이 누가 가까운지
따져 묻지 않는 것처럼

이태원 참사(추모 시)

사망 159명에 부상 195명
왜! 이런 참사가?
2022년 11월 29일 밤 10시 15분경 잠시
좋은 음악을 들으려 했을 뿐인데
명예나 권력 따위를 탐해서도 아니고
부나 미모를 탐해서도 아닌데
다만 핼러윈을 즐기려는 것뿐이었는데
해밀턴 호텔 앞 골목이 가파르고 좁았을 뿐인데
평소보다 인파가 많았을 뿐인데
왜 시간 때문에? 인파 때문에?
아니면, 급한 집결 때문에?

도무지 납득할 수가 없다
좋아해서, 기뻐해서, 즐기려 해서,
아니면 젊은 사람들이어서
말이 안 되잖아!
도무지 이해가 안 되잖아!
계획된 악마의 악행도 아니고
신의 영역을 벗어난 일도 아닌데
왜 이런 불가사의한 참사가

아니다. 이는 처음부터 허술한 도시 건설의
제도적 허점 때문이었다

허술한 나라의 행정 때문인 것이다

소 잃고 외양간 고치는 격이긴 하지만
두 번 다시 이런 참사가 일어나지 않도록
우리 모두 각성하고 개선 하는 수밖에
임들의 영면을 기도하며

* 이태원 참사 2주년에
   희생자들과 유가족들을 위로하며

낙엽
- 친구 누나 -

꽃봉오리였을 때부터
좋아하던 누이

풋풋한 친구 누나로 만나
야릇한 이성을 느끼게 되었고
꽃이 되었을 땐 그 향기에 깊게
빠져들어 품고, 꺾고 싶은 충동
참느라 어깃장도 심했었지

외딴 돌개바람에 휘말려
청실홍실 엮여 갈 때
아무런 방편도 되어주지 못하고
축복보다 미움으로 검게
속만 태웠었지

꽃 지면 연민도 지련만
영글어가는 결실 더욱 탐스럽고
얼핏 세파에 물들어가는 잎들도 고상했고
어깨 처지듯 노을에 짙어가는
낙엽 언저리에 가까워질수록
더더욱 그윽했었지

낙엽 지는 이 계절이 끝이 아닌 듯

커피잔 넘어 창밖 아직도
누이의 속삭임 바사삭
마른 가슴 바스러져 내려
그리움만 더 짚네!

단풍잎을 보면서

지식과 지혜를 가려 보오
나뭇잎을 나뭇잎이라 설명하는 건 지식이요
나뭇잎을 어떠어떠하다고
찬미로 풀어서 표현하는 건 예술이오.

그 예술을 노래로 풀면 음악이요
그림으로 풀면 미술이요
글자로 풀면 서예요
문장으로 풀면 문학이오.

또한 문학을
이야기로 풀면 소설이요
체험으로 풀면 수기나 기행이요
지향함으로 풀면 시가 되오.

예부터 예술을 말하기를
그 으뜸에 시가 있다고 하여
시(詩), 서(書), 화(畵), 창(唱)이라 순서를 정해
예술을 풍미하고 가꾸어왔음이니

이로 미루어 시(詩)가 모든 예술의 으뜸이라
시를 쓰는 사람은
집 가(家)가 아닌 사람 인(人)을 써서

시인(詩人)이라 하였다오.

그러므로 시로써 곱게 물들지 못하고
시를 우습게 아는 이는
지혜롭지 못한 것이니 각성해야
옳을 것이라 보오.

미련이 남는 날

수술 후 병원에 가는 첫날이다
안대를 풀면 세상이 모두
나의 날처럼 기쁠 줄 알았다
하지만, 세상이 약간 밝아졌을 뿐
그런 변화는 일어나지 않았다

오늘은 한쪽 눈으로만 보던
어눌함이 사라진 날이다
수술한 사실을 아는 이들에게서
안부의 전화가 있을 줄 알았는데
결코 그런 일은 없었다

병원을 나서자 두 눈앞의 밝은
가을 햇살은 눈 부셨지만
시력은 더 좋아지지는 않았다
손녀의 그림책을 읽어주며 함께 즐거울
기적은 나 혼자만의 바람이었다

돌아와 안과에서 주의하라는
의사의 지시에 따라
눈에 물이 들어가지 않게 씻자니
여간 곤욕스럽지가 않다
그래도 수경을 쓰고 혼자 씻었다

긍정이 기적을 만든다고 했으니
며칠 더 경과를 지켜보자
오늘은 라식 수술 후 두 눈으로
기적을 만들어 가는
첫날이니 만큼 기다려 보자

문을 부수다

눈을 후벼팠다

뿌연 음모의 실타래 걷어내려고
초가삼간 헐고 빈대 잡는 심정으로
빛의 세상에 가까워지려 눈깔을
의사의 손에 넘겼다

계산상으로 새 세상을 열어보자는 속셈
맑고 밝은 음악 같은 그 무언가 보자는 속셈
작게는 이 작은 글자들 다
읽을 수 있다면 하는 속셈인데

수술하면 좋아질 거라는 것이 당연한 일
하지만, 당연한 일조차도
당년에 못 미쳤을 뿐, 결과는
샛문 살짝 열린 듯 맘 같지 않은 몸

눈부신 세상, 나비처럼 춤추는 멋진 기적은
빛의 가닥으로 환상을 짓는 저 맑고 밝은
시력 소유자들의 세상일 뿐
마법의 빗자루는 날지 않았다

라식 수술은 분명 잘 이루어졌는데

암울한 안개도 말끔히 사라졌는데
아직도 걷이지 않은 물체 위의 물방울들
마음이 씻기면 몸도 씻겨야 하는데

문 부숴도 맘 따로 몸 따로
그래도 조금만

잘 가라 시월

줄곧 심연에 깊이 가둬버리던 시월
꺼내주지 않고도 그곳을 밖으로 바꿔놓은 시월

밤새 탈출하려 땀이 흥건해도
요지부동 캄캄하기만 하여
잔인하리만큼 묵묵부답이던 시월

그냥 갈잎 되고 말 그쯤 돌연
홀가분한 자유라니

새털처럼 수많은 밤 해법을 찾아
땀범벅이 되어 쓰던 안간힘도
이젠 안녕이다

깊은 밤 왜 그리 깊고 깊은 심연에 가졌었는지
왜 그리 쉽게 안도 밖이 될 수 있었었는지

그 답 듣고 싶어도 다시는
돌아갈 수 없는 시월의 마지막 밤
못내 아쉬움만 남는다

그래서 그도 그리 울부짖었나 보다

망초도 들국화라니

늦가을 서리 속에 핀 순정이 저러할까
통근 버스 안 옆자리 그 여인
풋풋한 듯 정숙한 기품
절로 마음이 가네

세안 후 아직 화장치 않은 듯
청순함 잔잔하고
얼음같이 찬, 바람에도
꽃잎 움츠림이, 없는 듯했는데

시선 사로잡는 지적
외형의 지향과는 달리
손가락 춤 사이는 휴대전화
게임에 열중이니

들국화는 무슨
신선한 새벽, 환상 깨는
망초도 과분한
걸(여인)

나를 이끄는 별 하나

아버지가 사업에 실패하여
촌락에 묻혀 어린 내게 하시던 말씀
강직하게 맞서 싸우기보다는
유연하게 살아남아라

격노한 풍파가 금방이라도 세상을
집어삼킬 것 같더라도
미련 훌훌 털어버리고 길라잡이
북극성만 놓치지 말라

'저 별을 놓치면 갈 길을 잃게 되어
결국 너 자신을 잃고 말 것이다.'

저 별을 놓치면 제자리만 맴돌다가
어디로 가야 하는 지
무엇을 해야 하는 지
아무것도 하지 못하고 방황만 한다

그리고 나는 누구인지
어디에서 왔으며
어디로 가고 있는 건지
의문에 싸여 몰락하고 말 것이다.

나는 벌써 잃어버린 아버지의 별을

지나쳤을지도 모른다.
나도 먼 훗날 아버지처럼
나의 별을 잃어버릴지도 모른다.

그러므로, 별의 위치에 급급하기보다는
별의 지향을 소중히 여겨야 한다.

아름다운 기억

내 평생에 저렇듯 팡 터져본 적 있었나?
아이의 통쾌함이 마치
백두산이 생겨날 때처럼
한라산이 생겨날 때처럼
아니 잘 보면 금강산인 듯 그 광경
만감이 교차한다

저 티 없는 하나의 통쾌한 웃음 속에는
수천 개의 깎아지른 듯한 내 생에 수천 봉우리
터트렸던 광경들이 살아 있다
계절이 바뀔 때마다
나이가 들 때마다
소년기, 청년기, 장년기, 변화를 겪을 때마다
겪었었던 그 웃음들 다 모은 듯한
저 어린아이의 통쾌한 웃음

사계의 비경이 다 합쳐진 상산(霜山)이요
신선의 표정에 버금가는 성상(聖像)이다

계절 따라 자연의 아름다움이 달라지듯
인생의 춘하추동이 저마다
아름다움이 있음인데
아이는 그걸 아는지 모르는지

단 한 방에 터트렸을 웃음

아마도, 통쾌한 그 웃음 찾기 위해 우린
모든 날이 언제나 최고의 날이려니
그토록 웃음 일구려 평생
헤맸을지도

나무의 분가

나무는 사람보다 생각이 더 많아 무성하다
넉넉한 간격으로 묘목을 심었는데도
해마다 생각을 숱하게 피워내어
오늘에는 더는 잎 피워낼 수 없을 만큼
번민에 가깝도록 촘촘해졌다

사소한 일상도 놓치지 않고
새겨놓아 서로의 몸을 감싸안으니
숨 쉴 여백조차 없다

컴퓨터에 저장된 창작 노트와 흡사하여
솎아내어 휴지통에 버려야 하는데
어떤 생각의 집을 버려야 할지
모두가 다 소중한 기억의 곳간들인데

나무는 저마다 특색이 있어
한 나무도 정원을
떠나려 하지 않는데

하지만, 형제들이 성장하면 출가하듯
새 터전을 찾아 떠나야 한다
슬퍼서 잔뿌리처럼 미련 남길지라도
그 뿌리가 거름이 될 때쯤이면
먼 새 터전에 자리를 잡기 위해서는

겨울 나목

나무는 일 년간의 소득을
세상에 다 돌려주고 나목이 되어도
새봄엔 또다시 한 해를
풍요롭게 가꾼다

새 움을 틔우고
새잎과 새 꽃을 피우고
쓸모없는 삭정이 털어낸 가지 끝에
열매를 위한 새 가지를 키우며
조금씩 융성해져 간다

이것이 평생 나눔을 모른 채
움켜만 쥐고도 부족한 듯
만족지 못하는 졸부들에게 전하는
비워야 또다시 융성해지리라는
겨울 나목의 충고다

생로병사(生老病死)

나무는 늙을수록 아름다워져서
보는 이를 행복하게 하는데
사람은 나이 들수록
왜 그리 누추해지는 건지

나무는 해마다 묵은 것들을
다 벗어버리고 새로워져
늘 팽팽함 유지하는데
사람은 육신 한번 뒤집어쓰면
태어나서 죽을 때까지 그 모습
지겹도록 벗어버리지 못해
퇴색하고 쭈그러질 수밖에

나무는 사심이 없어 젊은 것이고
사람은 움켜쥐기만 하고
하나도 버리지 않으니 늙는 것이니
생로병사로 어쩔 수 없어
육신은 늙을지라도
나무 닮아 마음만이라도
젊어져 보세요

프란시스코를 엿보다

알몸으로 나병 환자와의 언 몸
녹여준 프란시스코
좀 한 신앙으로는 쉽지 않은
감동적인 일화다

드렁칡이 얽혀진들 어떠하리의
태종 이방원도 강산의 칡넝쿨 도려내듯
혈육과 정적 도려내고서야
대업의 뜻 이루었거늘
어찌 성도의 몸으로 그처럼
무모할 수 있었을까?

이는 살신성인의 용기요 선행이요
더 나아가 소망이요, 사랑이요,
믿음이었기에 가능한 일이지요.
우리도 삶이 이와 같을 때
기적을 만나리오.

나탈리 망세의 알몸 첼로 연주

첼로를 촉촉한 제 알몸으로 품은
나탈리 망세의 손길에 첼로는 관능적으로 속삭였다
그녀의 촉촉하고 은은한 애무에 흐느끼듯
맥없이 무너져 내려 그녀의 발아래 흐늘거리다가
돌연 광란의 순간들을 빠져나가
무너져 내린 밤을 수습하여 세우며
늠름하게 낮의 척추를 세우며
그녀를 이끌듯 그녀의 손길을 애무하는 첼로
그녀를 제 몸으로 안아내어 환상의 화음으로
고요히 이끌어 사라질 듯 되살려 온다

되살아나는 그녀의 기색이
한 줌의 풀 폭이고 한 다발의 꽃이고
그 끝이 절벽 위 까마득하고 드넓은 초원이다
절벽 끝을 날아오르는 새들의 나래요
청중의 가련함에 햇빛 가득히 쏟아내는 하늘이다
에덴의 노을이 번져 오는 저 지평선 너머로
철새들 사라져 가고, 안녕을 알리는 첼로의 발악 고울 때쯤
그녀와 첼로만의 최후 무대는 지극히 감미로웠다

이처럼 먹먹한 몰입은 한동안 청중을 환상으로 몰아가고
그녀의 자유 사고는 여며야 할 의상을 벗어 던졌다

첼로와 함께 활을 당기며 그녀만의 신앙을 세상에 물
들였다
그녀의 연주는 엄숙해야 할 율법을 매끄럽게 다듬는
행위예술의 아름다움이다
그녀는 사람들의 잘못 된 성적 개념을
자신의 알몸으로 끌어내어 자유로운
정의로 고착하였다

그녀는 신의 조화가 그토록 아름답다는 것을
감히 감추려 하지 않았다

* 스위스 출신의 누드 첼리스트 나탈리 망세
첼로 연주를 감상하며

짧은 신병의 기억

행군에서 완전군장에 다리가 풀려
나를 놓아버린 날이다

낙엽이 수북하게 쌓였어도 차가운 길바닥
의식은 있지만 몸이 일어서지지 않았다
나는 대한민국을 지키는 최전방 멋진 민정경찰
이 나라를 완벽하게 지켜내는 군인이다
선임이 되는 것은 그냥 되는 것이 아닌
군 생활의 농축인 것
국민이 명하면 언제든 이 나라를
완벽하게 지켜내야 하는 것

그러나 이제 그 무게를 지탱할 다리가 없다
순간 신병의 그늘 걷어내는 손길들
절망과 좌절에서 두 다리가 되어 준, 선임들
힘겹게 마음만 억누르던
선임들의 든든한 응집, 마치
사슴을 등에 업은 범의 표상이다
주저앉은 신병이 가련해 군장 대신 짊어지고
두 다리가 되어준 것만은 아니다

선임들의 전우애 완벽하게 느끼는 날이다
물렁물렁한 사회의 안일함에서 나를 건져

사철 괴뢰의 침략 완벽하게 막아선
저 철조망처럼 강성이 되도록
선임들과 함께 한 보람찬 그날의
나약한 신병을 벗던
기억

폭설

저 속수무책의 그리움들
무엇에 저리 무상하여 저토록 이나?

억울해서? 울화가 치밀어서?
아니 돌연 놓아주고 싶지 않았던 것들 때문에?
겉으로 내색 못 하고 속으로 삭이던
아리고 아련한 가슴앓이 때문에?
울고 싶어도 들어내지 못한 냉가슴
그래서 저리 무상한 것이리

긴 기다림의 정류장엔
혹 내가 탈 버스는 아닐까
그리움의 폭설 비집으며 내다보지만
다른 방향이어서 폭설 속으로 제 몸 파묻어 간다

그때도 폭설 아직 무상한 걸 보면
올 서러움만이 아닌
그 오랜 청춘의 그리움까지
쏟아내는 건 아닌지

6부

반짝이는 별들

폭설에 오래 파묻히고 싶다

펑펑 혼탁의 세상 덮는 폭설
한 치 앞도 분별 못 하게 쏟아지는
잠시 이 세상에서 뛰쳐나와
아무도 모르게 그 속에 숨고 싶다

차가운 폭설 속도 푸근한 도피
그 속에서 뒹굴던 젊은 날의 우리들
혼탁의 세상 그 바깥에
아주 오래도록 파묻히고 싶다

눈을 떠도 사방 흰 벽 같은 폭설 속
서로서로 어깨를 매고 뛰던 우리
설국 같은 젊은 그 세상에서
온몸이 꽁꽁 얼어 눈사람이 되도록

이제는 더 이상 그때로 갈 수 없는데
어째서 오늘 아침 출근길 폭설
오랜 그때로 잠깐 파묻히게 했는지
모두 잊고 그대로이고 싶다.

와수리 식당

와수리에는 한 송이 감자꽃이 있다네
유난히 반짝이는 눈을 가진 앳된 그녀
그의 생각이었겠지만
그 꽃에 날아드는 나비는 그가 유일했다네
햇살이 희게 철조망 북쪽 강에 물결치는 날에는
요정처럼 그녀네 식당을 다녀오곤 했다네

그런 망설임은 사회인이 되어서도 습관처럼
그곳 닮아있는 식당을 맴돌아 문득문득
육군 소위가 되어있음에 소스라치곤 한다네
세월은 많은 꽃을 바꾸어 피워내어
바람결에 삭은 꽃잎에선 뽀얀 먼지가 피지만
그의 마음속, 그 감자 꽃은 아직도 그대로여서
늘 이슬 머금어 촉촉하다네

사느라 까맣게 잊고 있었을 뿐
인상 짙은 기억은 눈곱처럼
마음 가에 늘 눈곱으로 끼어 있는 법
돌아치다 한순간 우연히 제 구덩이에 제 발 빠지듯
세월의 여정 겹겹의 그곳 와수리 식당에 들렀을 때
제 어머니를 닮아있는 노년의 그녀를 보며
시들었을 기억은 아직 앳된 감자 꽃 그대로였다네

문서는 낡아 쉽게 찢어져도
지문은 오래도록 흔적으로 남는 법
강산이 숱하게 바뀐 지금도
와수리 식당 그녀 앳된 감자꽃으로
남아 있었다네
함께 극복하는 고난

살아온 아들과 엄마

엄마도 기쁨이 가득하던 날이 있었습니다.
의복과 운동화를 챙겨주고 달려보라 등 떠밀면
준마처럼 벌판을 달려 나가던 그런 날
엄마는 세상에 하나뿐인 아이 덕에
푸른 하늘처럼 행복했습니다.

그러나 아이가 교통사고로 죽자
그런 행복은 물거품처럼 사라졌습니다.
엄마는 믿기지 않아 습관처럼 매일 답변 없는
아이 휴대전화에 문자를 보냈습니다.
너 돌아간 그곳은 외롭지 않냐고
건강하게 잘 지내냐고

그러던 어느 날 아이에게서 답장이 왔어요
엄마 나는 잘 있어요
이제 내 걱정 말고 엄마도 잘 사세요
죽은 아들의 전화가 살아나 대답하던 날 엄마는
마음이 풍선처럼 부풀어 하늘에 닿았습니다.
기쁨은 밤중에도 반짝이는 별이었습니다.
그런 날은 1년도 더 지속되었습니다.

그리고 실체를 벗는 날입니다.
죽은 아들이 잠들어 있는 봉안당에서

살아 돌아온 아들을 만났습니다.

두 사람은 척 보는 순간 묵은 시간을 넘듯
누구도 알 수 없는 이어짐으로 서로를
부둥켜안고 한참을 흐느꼈습니다.

죽은 아들의 전화번호를 새 번호로 받은
아이 또래의 아이는 엄마의 애잔함에 위로가 되어주려
아들이 보내준 살아난 아들이 되어 온 날입니다
엄마도 죽은 아들을 되살린 날입니다.

송도 앞 바다

옥련동 마루에서도 짠 내 비릿하다
신도시가 가려 바닷물도 파도 소리도 없다
간조가 코앞이었었건만 그건
먼 먼 옛날이야기, 그래서
누가 물으면 나는 인천 짠 놈이다.

대한의 첫 개항장이자 관문이다
외세를 막다 피바다가 되었었다
대책 없이 외세에 빗장 부러진 때도 있었다
내분으로 유엔군을 침투시켜
땅을 되찾게 한 적도 있다

그래도 이젠 대한민국을 대표하는 도시다
저 벌 희로애락 모두 품고 찬찬히
격동도 격분도 모두 삭혀 검다
침묵으로 세월 대변하는 저 앞바다
아픔이 너무 많아 미워할 수가 없다

슬플 때 가서 마음 삭일 수 있고
기쁠 때 서로 어울려 회포도 풀 수 있고
편안히 별을 벗 삼을 수 있어
타향이지만 짠 내에 폭삭 삭은 나는
인천 사랑하는 인천 짠 놈이다.

여수 자산 공원

자산공원 단풍빛 붉을 때 나는
돌산에서 케이블카로 오르며 아직
12월이라 하지 않았다
발밑 여수 앞 바다의 절경, 잎에 적어
수북이 쌓을 날까지는 가을인 셈

무덥던 올 한 해, 땀 식혀 그리
철썩이던 파도마저 멍 더욱 검푸를 때
측은히 굽어 내리며 자산
이충무공의 얼 이은 각각의 충정 기린
충혼탑에 단풍 붉게 피워내리

가슴에 밀려드는 감회
충혼들의 충정 저리 절정인데
저 단풍마저 지고 나면 올 한 해도
그 얼로 자산 붉게 덮어
나라의 수호 더욱 굳게 하리

단풍이 다 진 후에도 찬란한 여수
단풍 제일의 명소
충정 붉다, 자산 공원이라네

누구나 혼자인 듯 혼자인 사람은 없다

누구나 혼자인 듯 우린 늘 누구와 함께이다
사람들에게 외면당하거나
모두의 무관심으로 지쳐갈 때
섭섭하여 돌아보면 반드시 누군가가 있어
우린 언제나 혼자가 아님을 안다

설령 내 주변에 아무도 없는
암울한 순간에도 늘 우리 곁엔 누군가
보이지는 않을 뿐 그의 지극함을 느낄 수 있다
세상의 모든 함께였던 것들이 사라져
모두 허망한 끝만 같아도 어느새
새싹이며 꽃이며 열매들이며
내 곁으로 돌아옴을 안다

물 흐르듯 세상은 변한다
고로 내 곁의 모두는 영원할 수는 없다
그러나 그와의 관계는 변할 수 없기에
늘 새롭게 돌아옴을 안다
인생이, 삶이 늘 떠나감만 있는 듯하여도
누군가는 어떤 형태로든 어떤 경로로든
늘 돌아옴을 안다

늘 구멍 숭숭 뚫린 가슴의 통풍인 듯

투명한 밤하늘 별처럼 수많은 슬픔으로
혼자만 괴로움 견뎌내는 듯
차갑기만 하던 그 먼
별들로부터도 늘 푸근한
위로가 옴을 안다

그렇듯 우린 홀로 반짝이다 사라지는
수많은 별 중 하나인 별이어서
늘 쓸쓸한 나그네요, 한겨울 텅 빈 벌판 같지만
밤이 낮이 수없이 바뀌듯 바뀌고 또 바뀌어
수없이 돼 옴을 아는 우린
혼자가 아님을 안다.

반짝이는 별들

취미가 같은 사람들과 공유하려고
처음 이곳에 발을 디뎠을 때
매일 한편씩 시 올리기
이벤트를 했었지

흥미로운 이벤트라 나는 무작정
글을 올리기 시작했었지
아는 사람이 하나도 없었지만
취미가 같은 모두는 차츰
나의 시도 읽어주었지

너무들 순수하고
티 없이 솔직하게 댓글을 해 줘서
참으로 고마웠지
나는 겨우 고맙다는 답글만 하면서도
모두의 재능이 너무도 아까웠지

그래서 결심했지
별처럼 빛나는 모두의 창작을
헛되게 하지 말자고 말이지

먼 훗날 모두가 희미해져도
빛나는 이 창작들만큼은 환하게
한 권의 시집 속에 살아서
숨 쉬게 하자고

쓸모없는 꽃은 없다

나는 할미꽃을 보면서 되새깁니다
자신에게 인색한 사람은
평생 외롭다 죽고 만다고요
너무 아름답다고 자부하여
자신을 보호하려 가시를 돋게 한
장미의 교만함도 때로는
자신의 가치를 돋보이게 하지만
언제 피었는지 모르게 흐드러져
아무도 찾는 이 없어도 향기 넓게 펼쳐
가난한 들풀들을 행복하게 하는
들국화도 더없이 아름답지요
누가 나를 쓸모없는 꽃이라 할지라도
나는 용기가 있되 교만하지 않고
있는 듯 없는 듯 모두를 포근하게 하는
들국화가 되고 싶습니다.
내가 그대들을 위하여 그토록 애씀이
오래였다는 걸 몰라주더라도

공생을 위하여

나는 한 그루 나무로 먼 곳을 보며 살겠네
아직 작아서 그늘이 좁겠지만
나를 중심으로 순행하는 별들과 공생하며
조금씩 저들의 빛을 받으며 살다 보면
차츰 가지도 뻗고 잎도 무성해져
그늘 또한 넓어질 테니

당장은 바닥이 좀 좁아도 괜찮네
그늘이 차츰 넓어지게 되면
잡스러운 것들도 삭거나 썩어, 그 때문에
버섯도 자라고 곤충들의 안식처도 되어
이 좁은 바닥도 어느새 다양하게
넓어져 있을 테니

하지만 나는 언젠가는
썩거나 늙어 무너져 내리겠지
그러면 사라진 내 그늘 속에서 또 누군가
무성해져 나를 대신하겠지
다수의 안식을 위하여, 그러면 그때 비로소 내가
다수의 힘으로 건재했었다는 걸 알겠지

겉보기에는 무척 연약해 보여도
나의 이 잠깐의 그늘 속 저들이 바로 공생의

힘이라는 걸

* 이 세상에 강한 그 어떠한 것도
  다수의 힘은 이길 수 없다.

문장들의 협연

그것들은 몽돌이다
바닷가 첫발의 발길 이끄는
사람의 깊은 곳을 감미롭게 하는
몽돌들의 연주, 언제나 낯선
경험으로만 기억되는

책 속에 언제나 가득한 이상
첫 장을 펼치면 무수히 달려 나오는 감동들
눈을 뜨지 않고 읽을 수만 있다면
더욱 감미로운 몽돌들의 연주 같은
내밀한 글들의 자유로움

둥글어 언뜻 같아 보이는 몽돌들
들여다보면 제각각 크기가
제각각 모양이, 색깔이 모두 다른
그래서 저들의 화음 천상의 소리처럼 오묘하게
우리들의 작품집 쪽마다 화음으로
감겨 몰아오는데

세상의 모든 책과 같은 듯 하나도
같은 구석이 없어 오묘한
감동으로 읽히는 우리란 화음
언제나 하나의 화음으로
오래도록 감미로울
작품집이다.

동짓날 피운 설화

이수역 8번 출구 후 세녹 갤러리
4층 아틀리에 때아닌 꽃이 피었다

연중 낮과 밤이 가장 공평하게 나뉜다는 날
오늘은 동지다, 그런 동짓날
여덟 명의 우리는 세녹 아틀리에의
매시함 동아리 동지가 되었다

마치 동지 팥죽 속 새알심이 같이
잘 익고 구수한 동지의 알맹이들
맏이 원진화 샘, 맏형 최성규 샘,
셋째 나 이영균, 넷째 신애경 샘,
다섯째 박동수 샘, 여섯째 안의숙 샘.
일곱째 박영한 샘, 여덟째 나선애 샘.
육칠십 년을 다듬어 옥빛으로 하나 같이
세녹 4층의 저녁을 비추고 있었다

세월의 매듭들, 생의 매듭들
우리는 서로 동지로 어우러져 여생을
빛냈으면 하는 바람이다

강

나는 이윽고 강이다
작은 물방울이 마침내 거대해진다
사라진 듯 처음부터 강이었을
그건 위안이며 성취다

아무리 험준해도 기어코
가고야 말 길, 그래서 강은
낮은 듯 행보에 거침이 없어
넘지 못할 벽이 없다

그런 저 강들은 대부분
거대한 줄기로 이어져
정점을 이루는데 그 또한 합체로
더욱 거대해진다

바람의 힘으로 파도쳐
물방울을 지어보기도 하지만
그건 무모한 일, 점점 거대해져
더는 어디에도 물방울은 없다

언제나 처음처럼 낯설어
운명을 거역해 보지만 그런 반란은
겨우 방파제에 가서 부서져

물거품만 남길 뿐
한 생이 사라진 후에도
운명에서 벗어날 수 없어 물방울은
큰 틀에 맞물린 강이요
대하일 뿐이다.

한해 또 악다구니

우린 해가 질 때 비로소 안다
아무것도 이룬 게 없음을

사실 따져보면 지나온 한해는
하려 했던 일, 백분의 일도
이룬 것 없는 도로 아미타불의
삶이었음이다

시간을 쪼개고 졸음을 쫓으며
기를 쓰고 사느라 살 때는
계획도 계산도 우선
성취감에 따져 묻지 않았음인데

그렇게 아등바등, 한 때가 지나
허리를 펴고 달려온 길
저랬구나, 이럴 걸
만감에 휩싸여 돌아보게 된다

그렇게 우린 방법을 알게 되면서
한해 한해 늙수그레 익어간다
올해도 한해는 그걸 알려 주었다
명년에도 또 후년에도

한해는 그걸 또 알려줄 것이다

우린 끝없이 그걸 알아가며
희망으로 또 한해를
살아내는 것일 게다.

2024년 12월 29일의 비극

긴 여행에서 이제 막 돌아와
그날들 까맣게 돌아보며
귀가의 집 그려보는데

화들짝 놀라게 한 새 떼의 출현
불현듯 그 작은 불길함
그 잠깐이 모두의 기억과 행복을
조국 땅에 첫 발 딛기 직전
불시착에 기체 폭발로 송두리째
앗아갈 줄이야

어쩌라고
이제 돌아가 안길 집이 지척인데
이제 곧 만나 볼
그리운 이들이 기다리는 데
도래할 행복한 순간들 어찌하라고
부둥켜안아 볼 기다림
다 어찌하라고

소리쳐 불러도 메아리조차 간 곳 없어
세상천지 어느 곳에
이 기막힘 하소연하리오
참혹한 저 한 줌 재가 그 대답인가요

동동 동 이 비통함
이 억장 어찌 참으라고

이제 곧 새해인데
새해에도 우린 함께 행복할 텐데
아- 슬픈 무안 비행장

70대 강골들의 정류장

아직도 갈 곳이 있어 저들 모여든다
7학년이라는 새벽 첫차 승객 저들

6학년 9반도 어린이 취급인
갓 7학년이 된 한 여성은
청소 경력이 벌써 10년이고
부자(夫子)와 함께 사는
수십억 자산가란다

좌중에 맏언니라는
7학년 5반 여인 또한
낚시만 다니는 땅 부자
전직 공무원 남편과 함께
저택에 산단다.

그런 저들 왜 회사
청소부로, 경비원으로,
식당 주모로, 막 일을 할까?
나무는 늙었어도 꽃은
처음 그대로 핀다더니

죽자고 일만 하던 1970년대
일에 중독된 탓 아닐까 ?

가만있으면 좀이 쑤셔
몸 풀리라고 일을 한다더니
7학년 저들 아직도 젊다

나의 나이도 저 7학년들
그 속에서 젊은 꽃으로
싱싱해짐을 느낀다.

잘 해봐야 본전

누가 그대에게 그리하라 하던가
가만히 놔둬도 저들 절로 즐거울 걸
저들 노는 것이 그리 어설프던가?
갈구칠 그물도 없고, 아무런 장해도 없는데
그리 저들이 시원찮아 뵈던가.
평범한 일상에 분란은 왜 일으키는가?
그대에겐 어찌 보일지 몰라도
온갖 것이 다 꽃이 되고 나비가 되어
무료함을 메우고 즐거움을 찾는데
그냥 모두 제자리에 놓아두지
저들, 아무것도 모르는 듯 다 아네.
그대가 쓸 대 없는 일을 벌였다는 것도
물론 저들도 그대가 애쓴다는 거 다 아네.
그러니 돈 버리고 시간 버려가며
왜 그 짓 하는지 의심부터 하네
그래서 결말이 어찌 될지 모두 궁금해하네
그대 또한 결말이 궁금하겠지만
그래도 시작이 반이라고
함께 하자는 이가 더 많아 결말도
꽃밭같이 아름답지 싶네!

오지랖, 자네의 그걸 똠방이라던가?

해설

동화작가 이정애

《 감응하는 존재로서의 시인, 이영균 》
- 제9시집에 부쳐-

제9 시집에는 약 120편의 시가 담겨 있다. 그중 일부는 사회적 아픔을 향해 있는가 하면, 다수는 일상의 세목들을 투명하게 응시하며 자신의 내면을, 그리고 타인과의 관계를 다층적으로 비춘다. 그는 말한다.
"누군가의 마음속에 한 줄기 희망의 노래가 되고 싶어서, 오래도록 꿈이 되고 싶어서, 빛이고 싶어서 시를 쓴다."

이는 시인이 왜 시를 쓰는지를 가장 맑게 드러내는 고백이자, 이 시집 전체를 관통하는 시학의 선언이다.

이영균은 감응하는 존재로서의 시인이다. 그는 세상을 해석하기보다, 세상의 떨림에 귀 기울이고, 누군가의 마음에 말을 걸기보다, 먼저 그 마음이 말하기를 기다린다. 그래서 그의 시는 조용하다. 그러나 그 침묵은 결코 가볍지 않다.

그의 시 < 마음의 거울 >에서 시인은 "거울 속 나는 투명하다. 투명할 때 가장 아름답다"고 말한다.
그러면서도 그는 고백한다. "나는 뒷면을 꾸미고 살 수밖에 없다." 이 모순되고 진실한 고백은, 우리가 살아가는 방식에 대한 섬세한 성찰이다. 세상을 아름답게 감응하고 싶은 마음과, 현실에 기대어 살아야 하는 존재의 이중성이 겹쳐지는 순간. 그는 그 틈에서 시를 써낸다.

< 아름다운 관계 >에서 시인은 또 이렇게 말한다.
"가까이 봐야 더 고운 것도 있다"고.
그 문장 하나에 그의 인간관, 시관, 세계관이 모두 들어 있다. 그는 사람을 족쇄가 아닌 고리로 이해하고 싶어 하는 사람이다. 함께 묶이되 얽매이지 않는, 함께 있음 속에서 자유로울 수 있는 그런 관계의 온도를 시로 구현하고 싶어한다.

 그는 어린아이 같은 순진무구함 속에서, 끈끈한 가족애 속에서, 이 세상에 여전히 떨림과 희망의 가능성을 본다. 그는 사람 사이의 관계를 감정의 결보다는 윤리적 태도로써, 거리와 접촉 사이의 미묘한 떨림으로써 바라보고 느끼고 싶어한다.

 그렇다고 이영균의 시는 단지 감응에만 머무르지 않는다. 그는 무너짐 이전에 묻고, 들리지 않는 진동에 먼저 귀 기울이며, 보이지 않는 균열을 먼저 감각하는 시인이다. 그의 시 곳곳에는 조용한 경고가 있고, 그 경고는 세상을 향한 비판이 아니라 깊이 있는 자성의 언어로 울린다.

 그는 알고 있다. 사람은 모두 소문 없는 물결처럼 지나가는 존재이고, 시인은 그 물결 사이에서 저 너머를 응시하고, 아직 오지 않은 징후를 기록하는 사람임을.

 이영균은 말의 선지자가 아니다. 대신 그는 무너짐을 예감하는 마음의 예언자이다. 그의 시는 고요하지만 멈추지 않고, 작지만 방향을 틀게 한다. 그렇기에 이 시집은 삶을 아름답게 감응하는 동시에, 삶을 바르게 살아내고자 하는 예언자적 윤리를 지닌 한 시인의 기록이다. 특히 이번 시집에는 사회적 비극에 감응하는 시들도 포함되어 있다. 세월호 참사에 대한 시 두 편은 그가 단지 '삶의 풍경'만을 쓰는 시인이 아님을 증명한다.

그는 공공의 아픔을 외면하지 않으며, 그것에 대해 말하기 위해 먼저 침묵하고, 귀 기울이고, 오래 머문다.
< 이태원 참사 >에서 그는 말한다.
"좋은 음악을 들으려 했을 뿐인데/ 명예나 권력 따위를 탐해서도 아니고/ 부나 미모를 탐해서도 아닌데…도무지 납득할 수가 없다/ 왜 이런 불가사의한 참사가…"

이 언어는 분노보다 먼저 비통함을 감각하고, 해석보다 먼저 질문을 남긴다. 그가 말하고자 하는 것은 슬픔의 명확한 정의가 아니라, 그날 이후의 삶에서 무엇을 기억해야 하는가에 대한 응시이다.

이 시집의 표지로 선택된 그림 또한 그러한 '감응의 언어'를 시각화한 작품이다. 발달장애 예술가 박소영이 이태원 참사 직후 그려낸 이 그림은 밝은 색 위에 겹겹이 덧입혀진 검은 동그라미들을 통해 슬픔과 기도의 이미지를 구축한다. 말하지 않고, 판단하지 않지만, 그림은 오히려 더 정확히 말할 수 없는 슬픔의 얼굴을 드러낸다. 이영균의 시와 박소영의 그림은 전혀 다른 방식으로, 그러나 같은 지점을 향한다. 공공의 비극을 애도하고, 말해지지 않은 존재들을 기억하려는 예술적 감응의 자리다.

이 시집은 그런 시인의 마음을 가장 투명하게, 그리고 가장 조용하게 보여주는 한 권의 거울이다. 그 거울을 읽는 사람 역시, 자신의 마음이 얼마나 투명한지, 얼마나 조용히 떨리고 있는지를 돌아보게 될 것이다.

무엇보다 이영균의 시는 모두가 예술가인 시대, 오히려 예술가의 종말을 고하는 이 시대에 끝까지 살아남는 예술이란 무엇인가라는 질문 앞에 서게 한다. 그의 시는 그 질문에 묵묵히 답한다. 살아남는 예술이란, 감응하는 존재만이 가능한 것임을. 그 감응은 기술이나 개념, 재현의 문제를 넘어, 시간을 견디고, 관계를 품고, 섬세한 결기를 잃지 않으면서도 자연의 질서에 순응하고자 하는 마음의 태도에서 비롯된다.

이영균은 칠순이 넘은 나이에 세상의 흐름보다 계절의 변이, 시간의 움직임, 봄, 여름, 가을, 겨울이라는 시간의 질서에 더욱 민감하게 귀 기울인다. 그리고 그 흐름을 거스르지 않고, 그 안에서 조용히 스며드는 시를 쓴다.

그의 시에는 빗소리에 살아오는 그리움을 깊이 바라보는 마음이 있고, 누군가의 조용한 숨결을 기억하려는 지극히 인간적인 응시가 있다. 이 시대에 예술이 여전히 필요한 이유가 있다면, 그것은 바로 이처럼 감응하고 남아 있는 자 때문일 것이다.

그의 시는 화려한 기교로 사람의 눈을 사로잡기보다, 세상 속 미세한 떨림과 인간 존재의 허실을 붙잡아 진실을 마주하게 한다. 특히 최근 작품 <깊은 밤, 가을 밤에>서 보여준 "밤이 깊어야 가을이지"라는 표현은 단순한 감상이 아니다. 이 문장은 시간의 깊이를 삶의 진실과 연결하려는 시인의 고유한 시학을 응축하고 있다. 계절은 깊어감으로써 완성되고, 시 또한 깊은 사유와 감응을 통해 진실에 다가선다.

그러므로 이영균의 시는 단지 언어의 조형물이 아니라, 순리의 리듬 속에서 묵묵히 말 걸고, 응시하고, 감응해 나가는 관계의 예술이다. 칠십이 넘은 나이에도, 그는 생의 끝이 아닌 또 다른 시작을 예감하는 시를 쓰고 있다. 언어를 다듬기보다 삶을 감각하려는 자세, 누군가에게 '오래도록 꿈이 되고 싶다'는 그의 고백처럼, 시인은 여전히 '살아 있는 자'로서 독자의 마음을 두드린다. 이 지점이 바로 이영균의 다음 시집이 기대되는 이유다. 그가 바라보는 가을밤의 어둠 속에서, 우리는 다음 계절의 빛이 서서히 다가오고 있음을, 그리고 그 빛이 여전히 사랑과 감응의 언어로 오롯이 태어날 것임을 믿게 된다.

2025년 성하절에

이정애 동화작가

이영균 제9시집

파란 우체통

초판인쇄 2025년 07월 28일
초판발행 2025년 07월 29일

지은이: 이영균
발행인:김유권
펴낸곳:도서출판 오늘

주 소 : 서울특별시 구로구 구로동 609-24
전 화 : 010-3302-6190
등 록 : 25100-2011-00061
저자메일 : yklee0721@hanmail.net

ISBN : 979-11-90384-33-9(03810)

15,000원